antropología

traducción de
LILIANA PONCE

EL GEMELO SOLAR

por

CHARLES MALAMOUD

siglo
veintiuno
editores

siglo xxi editores, s.a. de c.v.
CERRO DEL AGUA 248, DELEGACIÓN COYOACÁN, 04310, MÉXICO, D.F.

siglo xxi editores argentina, s.a.
TUCUMÁN 1621, 7 N, C1050AAG, BUENOS AIRES, ARGENTINA

portada de ivonne murillo

primera edición en español, 2005

isbn 968-23-2577-3

primera edición en francés, 2002

título original: *le jumeau solaire*

PREFACIO

En diciembre de 1977 en la isla de Ischia, paralela a Nápoles, hubo un coloquio internacional cuyo tema, según se había anunciado en los documentos preparatorios, era "la ideología funeraria en el mundo antiguo". Para desear la bienvenida a los participantes e informar al público, la municipalidad y el comité de organización hicieron pegar anuncios sobre paredes y árboles: se saludaba a los investigadores que habían venido a debatir sobre "*l'ideologia nel mondo antico*". La palabra "funeraria" se había evaporado. Por supuesto el coloquio se desarrolló normalmente, pero remplazó su programa. Sus trabajos terminaron con la publicación, en 1982, de un volumen titulado, sin reticencias ni eufemismos, *La muerte, los muertos, en las sociedades antiguas*. Pero cada uno de nosotros había tenido la ocasión de reflexionar forzosamente, en su fuero íntimo, sobre los tabúes lingüísticos relativos a la muerte en la Europa mediterránea del siglo XX.

En la India védica e hindú, tal como la conocemos por los textos, la necesidad de los vivos de poner a los muertos a distancia es una constante preocupación: se manifiesta con cruel realidad en todas las secuencias del ritual de los funerales. Hay que evitar cuidadosamente el espectáculo de la muerte, y hasta el contacto directo con los muertos, cuando se participa en la ejecución de los ritos destinados a los dioses así como en el aprendizaje de los textos sagrados. Pero precisamente las instrucciones de este tipo constituyen el objeto de numerosos enunciados, detallados y muy explícitos. Además, la India ha producido mitos y especulaciones que muestran que la muerte está, en cierto modo, en la base de la estructuración humana de la vida.

Los capítulos de este libro tratan, de manera más o menos explícita, sobre una figura central de la religión de la India, tomada aquí en su versión brahmánica: Yama, dios de la muerte, rey de los muertos, pero también divinidad tutelar del orden que rige las relaciones entre los hombres vivos y las de las generaciones entre sí. Yama está muy presente en todas las etapas y en todos los aspectos de una historia que finalizó con nuestro tiempo y empieza con los más antiguos documentos textuales de la civilización india (al menos, los que podemos leer): los himnos del Ṛg-Veda. Incluso podemos remontarnos más atrás que los primeros textos: el Yama védico, en efecto, tiene como contrapartida en la mitología del antiguo Irán, a Yima, y ambas figuras presentan rasgos bastante semejantes, por lo que se puede plantear la hipótesis de un Yama indoiranio común. No he tenido la ambición de redactar una obra que contuviera el inventario de nuestro saber sobre Yama ni de recapitular los estudios, sumamente numerosos, a los que dio lugar la mitología de Yama desde que se constituyó la disciplina llamada indología o indianismo. Mi finalidad no es trabajar de historiador (de las religiones), preguntándome a mi vez si el Yama indio de entrada es un personaje único o si resulta de la fusión de dos potestades distintas, una caritativa y salvadora, otra siniestra y fúnebre. Estos interrogantes sobre el origen y la formación de Yama se justifican por la complejidad de esta figura. Pero, en mi caso, me dedico a los textos que nos muestran a un Yama indudablemente uno o unificado, y me esfuerzo por comprender cómo los motivos que componen la mitología de Yama y los ritos en los cuales se invoca su nombre, se ajustan en su conjunto y hacen de este dios un revelador, un analizador de la manera en que la civilización india da forma a las relaciones fundamentales de la vida psíquica y social.

En un sentido, Yama es la Muerte misma, *mr̥tyu*. Es quien se presenta ante los moribundos para hacerles comprender que el momento ha llegado y que se va a apoderar de sus alientos vitales. En verdad, a la muerte se le tiene mucho miedo, y Yama, montado sobre su búfalo negro, es una visión terrorífica. Según una etimología muchas veces mencionada en los textos, Yama es la "coacción" personificada. La necesidad de morir es la coacción fundamental, modelo y, de algún modo, causa de todas las coacciones. Yama es "aquel que pone fin" (*antaka*). Porque es el maestro de este límite prototípico que es la muerte, es también el especialista en todos los límites. En India, como en otras partes, los hombres tienden inevitablemente a imaginar y preparar el pasaje hacia lo que, bajo una forma u otra, está más allá de este fin. Pero el pensamiento brahmánico percibe los límites como los lineamientos de una estructura: ser hombre y mortal no solamente es tener una existencia rodeada de límites, sino también, como consecuencia de esta definición inicial, el deber de hacer de su vida una trama de relaciones con los dioses, los ancestros (y los descendientes), los otros hombres y el Veda, es decir, con el texto mismo que enuncia esta ley y da los instrumentos rituales para ajustarse a ella. Yama está en el principio de este sistema. Dios de la muerte, Yama es, entre los mortales, el encargado de la condición humana: la vida es un bien que Yama deposita en el hombre y que necesariamente le reclamará, pero su vencimiento es en sí mismo una determinación decisiva que funda el vasto sistema de normas que es el *dharma*: en consecuencia, Yama es el Dharma, el orden divinizado, e incluso, más a menudo, el *dharmarāja*, rey del *dharma*, rey en tanto *dharma*.

Yama ha querido someterse a la coacción de la muerte que él mismo impone a los humanos. Tal es el misterio esencial: Yama es un dios, un inmortal, pero tiene la experiencia de la muerte, muere, en suma, para reconocer el camino que de ahora en adelante recorrerán los muertos humanos guiados por él, para llegar al lugar más allá de la muerte donde, en calidad de ancestros, serán los súbditos del rey Yama. Yama muere, pues, de una muerte lo bastante real como para provocar el duelo. Pero no por eso es menos inmortal, uno de los grandes dioses del panteón védico, a cargo del punto cardinal sur y de todo lo que, en el rito, tiene una marca del modo en que los vivos tienen en cuenta a los muertos.

Maestro de la muerte pero también de las reglas que configuran la vida, inmortal que se somete él mismo a la muerte, Yama reina en primer lugar sobre la población de los "Padres", de los ancestros, pero no es él mismo un ancestro propiamente dicho ya que no tiene descendientes. Más bien, según otro aspecto del misterio, Yama es el origen de la raza humana en tanto ella está hecha de mortales, de vivientes destinados a convertirse en ancestros; sin embargo, no se observa que haya procreado o fabricado a los primeros hombres: al contrario, se lo ve apartarse de esta tarea. Como contrapartida, a diferencia de la mayoría de los dioses del panteón védico, Yama es un dios doblemente hijo y nieto: se conoce a la madre de su padre y al padre de su madre. No tiene solamente una genealogía sino una compleja historia familiar que hace de él un especialista en relaciones de parentesco, precisamente porque está implicado en cada una de éstas de manera problemática. En primer lugar es un hermano: el hermano de Manu, otro fundador de la raza humana; el hermano de los gemelos Aśvin, y sobre todo, está unido por una relación fraternal superlativa con su hermana gemela Yamī. Es necesario remarcar que, a la etimología según la cual el nombre de Yama deriva de la raíz verbal "contener", se superpone otro elemento semántico: el sustantivo común *yama* significa "gemelo". Yama y Yamī son el par por excelencia, la pareja gemelo-gemela: relación en el límite —otro límite dhármico— de transformarse en unión sexual y hasta conyugal. Yamī, a la que se identifica con el río Yamunā, es complementaria de su gemelo: está asociada a él pero, al mismo tiempo, o mejor, por otro modo de enfrentar el tiempo, encarna frente a Yama, el deseo, la vida, el deseo de vida.

Rey del *dharma*, Yama es el modelo de los reyes cuyo deber es proteger, en su reino, el orden cósmico y social, el cual se concreta, para los hombres, en sistemas específicos de obligaciones y observancias. Pero cuando es evocado bajo el signo de Yama, el *dharma* real no es sólo, y ni siquiera principalmente, esta forma de moralidad. Tiene que ver con los medios y modos de acción, los métodos de coerción y de represión que caracterizan a la realeza como poder sobre los hombres. Ahora bien, considerada bajo este ángulo, la función real en la India clásica, depende del *artha*, "interés", término que se refiere a la adquisición de la riqueza y el poder. El *artha* es objeto de un gran tratado, el *Arthaśāstra*, que es una exposición doctrinal sobre la ciencia de gobernar. El autor a quien se le atribuye tradicionalmente esta obra, Kauṭilya (o Kauṭalya), alias Cāṇakya, es una figura legendaria, el clásico consejero sabio y astuto que enseña al rey a servirse de todos los medios para avanzar hacia un fin que no es otro que la conquista indefinida. La relación entre Yama, dios del orden dhármico, y la función real, aparece en un drama del teatro sánscrito, el *Mudrārākṣasa* de Viśākhadatta (¿siglo V de nuestra era?). Cāṇakya es el personaje principal de esta obra. En el segundo cuadro del primer acto, entra en escena un relator itinerante, cuya especialidad es describir lo que pasa en el otro mundo y el juicio a los muertos, ayudándose de un rollo de tela donde están pintados estos motivos. Para anunciarse, lanza esta exclamación:

¡Posternaos a los pies de Yama! ¿Tienen necesidad de otras divinidades? Vamos a discutirlo, Yama se apodera de la vida de aquellos que se consagran a otros dioses, pero el hombre puede vivir si este dios terrible acepta su devoción. Es Yama quien lleva a todos los seres a la muerte, es por él que vivimos. Voy a entrar en esta casa para cantar allí mis cantos mostrando este rollo de Yama.

Se dirige hacia la puerta. Un joven brahmán lo ve y le dice:

No se puede pasar. —Señor brahmán, le ruego me permita mostrar unas imágenes, ¿a quién pertenece esta casa? —A mi maestro, el noble Cāṇakya. —En ese caso, señor brahmán, pertenece a uno de mis parientes, a mi hermano en *dharma*. Déjeme entrar, le quiero mostrar este rollo de Yama a su maestro y enseñarle algunas cosas en relación con el *dharma*. —¿Realmente usted pretende, pobre tonto, saber más que nuestro maestro? —No se enoje, señor brahmán, no es dado a todos saber todo. Su maestro sabe ciertas cosas y la gente como yo sabe otras.

La discusión continúa. Cāṇakya finalmente sale. Deduce que el exhibidor de imágenes de Yama es uno de sus agentes secretos. Lo hace entrar y toma conocimiento de los datos que le trae. El *dharma*, del que el exhibidor de imágenes y Cāṇakya son especialistas, es tanto la ley de la muerte y el juicio de los muertos, tal como figura en las telas (en este sentido, Yama representa para el relator un modo de ganarse materialmente la vida), como el conjunto de rasgos que definen el poder real. El consejero del rey, autor legendario del *Arthaśāstra*, aumenta sus conocimientos en materia de *dharma* y renueva su alianza con Yama cuando escucha el relato de su espía.

Una palabra más sobre el título de este libro: Yama, gemelo por definición, lleva las marcas de "ser gemelo" hasta en los relatos donde aparece solo, sin su hermana gemela. Es el hijo del sol, quien también está tallado, nos dice el mito védico, en la sustancia de la muerte. Dos mil años más tarde, el excelso poeta Śrīharṣa muestra, mediante un juego de palabras con doble sentido, que el sol pone en movimiento al tiempo, *kāla*, que también es la muerte; cada mañana absorbe las tinieblas de la noche y este "negro" (otro sentido de *kāla*) que se acumula en él pero permanece invisible, resurge en el sombrío color de los gemelos Yama y Yamī, los niños que ha engendrado.

La infinita paciencia y la amistad de Maurice Olender permitieron que este libro vea la luz. He encontrado en Philippe Blaizot a un lector incomparable. A uno y otro, mi gratitud.

LA DUALIDAD, LA MUERTE, LA LEY

"La muerte no nos es más extraña que los jefes que nos mandan."

O. FRÖHLICH, citado por M. L. GASPAROV, *Zapiski i vypiski*

IMÁGENES, PROYECCIONES

India está totalmente poblada de imágenes divinas y el culto hindú está, en gran medida, al servicio de estas imágenes, del mismo modo que la teología del hinduismo es una reflexión sobre cómo está presente la divinidad en estas efigies.[1] Pero esta abundancia no formó parte del espectáculo indio hasta los siglos inmediatamente anteriores al comienzo de la era cristiana. Los textos más antiguos de la literatura sánscrita, los poemas y tratados que constituyen el Veda ("Saber"), también llamado *Śruti* ("lo que ha sido oído"), nos conducen a un estadio anicónico de la religión brahmánica: sobre el área de sacrificio, y más generalmente en todos los lugares de culto, se invoca a los dioses, se los convoca, pero no se los representa.

Esta ausencia de imágenes, sin embargo, no es absoluta. Pero las representaciones que aparecen en los tratados sobre ritual no se relacionan con las divinidades; conciernen a los participantes humanos del rito, más específicamente, al sacrificante, es decir, al hombre que se encarga del sacrificio, asumiendo los gastos y esperando recibir los frutos en esta tierra o en el más allá. Entre las indicaciones más claras y ricas de sentido, observamos ésta: cuando se ejecuta el rito del "apilamiento [del altar] del fuego" (*agnicayana*),[2] previo a una forma parti-

[1] Por supuesto, el budismo produjo, y el jainismo continuó produciendo, abundantes imágenes. En la religión hindú, a las imágenes fabricadas por los hombres, se agregan ídolos *svayambhū*, nacidos de sí mismos: piedras o rocas en las que en un momento determinado se reconoce la imagen de una divinidad, y desde entonces son objeto de culto. Cf. L. Renou, *L'Inde fundamentale*, París, Hermann, 1978, pp. 157-163. Elementos de bibliografía en Ch. Malamoud, *Cuire le monde*, París, La Découverte, 1989, pp. 253-273.

[2] Este rito se describe en detalle en MŚS, libro VI; el simbolismo está expuesto en los libros VI a X de ŚB. Sobre esta ceremonia espectacular y muy compleja, a la que los indianistas se refieren frecuentemente, véase: para una interpretación filosófica, L. Sil-

cularmente solemne de ofrenda de *soma*, es necesario colocar en la base de la estructura de ladrillos con los que se va a edificar, una pequeña estatuilla de oro; esta estatuilla —un hombre con los brazos en alto prolongando el cuerpo— representa al mismo sacrificante (ŚB VII 4,1,1-44). Otra imagen del sacrificante es el *prastara*, ramo de hierbas que los oficiantes manipulan como una especie de muñeca y que al final se quema (ŚB I 8,3,27).

Al lado de estas efigies confeccionadas y que sólo aparecen en el rito de sacrificio, existen réplicas naturales del hombre: es una de sus características proyectar una sombra (al menos, es uno de los rasgos que lo distinguen de los dioses).[3] Por otra parte, el hombre tiene una imagen de sí mismo en su propia pupila, hay una identidad entre esta imagen y la que se ve en "el sol en lo alto" (BĀU IV 5; ChU I 6 s.). Entre estas réplicas del hombre hay aspectos complementarios específicos, basados en una asociación dos a dos:

> el compañero (*mithuna*) del hombre que está en el ojo derecho del rostro solar, que forma pareja con él, es la imagen que se ve en el ojo izquierdo del sacrificante... Cuando está con su compañero, se está entero y completo. El compañero está ahí para su completud (ŚB X 5,2,8).

Para reforzar esta certidumbre, se debe buscar, cuando se trabaja con grupos de objetos, aparearlos. De este modo, agrega el texto, los ladrillos llamados "rellenadores del espacio", que sirven de agregado y que se colocan para tapar los intersticios cuando se edifica el Altar del Fuego, se disponen dos a dos. Aquí, lo idéntico duplicando lo idéntico, lo completa. No siempre es así y numerosos textos condenan la mala repetición, la redundancia estéril y hasta generadora de conflictos.[4] Una clase de repetición sin diferencia, de la conjunción que no

burn, *Instant et cause*, París, Vrin, 1955, pp. 64-103; para una descripción exhaustiva, fundada en los textos y la observación directa, la obra enciclopédica dirigida por Frits Staal, Staal, 1983.

[3] Lo descubrí en la historia de Nala y Damayantī, *Mahābhārata* III, 52-79; hay traducción al francés de este episodio en S. Lévi, *La Légende de Nala et Damayantī*, París, Bossard, 1820. Véase también ŚB II 2,3,10: el mal acompaña al hombre como su sombra; a la hora del mediodía, cuando ésta es más corta, es un buen momento para pisotear y aplastar el mal.

[4] Se remedia una redundancia en la ejecución de un sacrificio haciendo una ofrenda a los Aśvin, dioses que son gemelos (del mismo sexo) y también médicos, KauṣB XVIII 1.

forma pareja es la unión, incestuosa, entre *jāmi*, entre seres ligados por un lazo semejante a un lazo de consanguinidad.[5]

EL SOL Y LA MUERTE

Ahora bien, estas imágenes naturales del hombre están en estrecha relación con la muerte, con el carácter mortal del hombre, con el carácter inmortal de la muerte en el hombre.

> Este hombre que está en el disco del sol, en lo alto, y este hombre que está en su ojo derecho, en verdad, no son otros que la Muerte. Los pies están sólidamente fijos sobre el corazón del hombre. Cuando los retira y sale de allí, el hombre muere (ŚB X 5,2,13).

> Aquel que brilla en lo alto, es la Muerte; y como es la Muerte, las criaturas que están debajo de él, mueren; los que están por encima son los dioses, y por eso son inmortales (ŚB II 3,3,7).[6]

Textos difíciles, donde no es necesario ir muy lejos para ver el "galimatías" al que, a veces, los exégetas están tentados de reducir los pasajes más desconcertantes. Aquí la idea implícita es que la muerte, identificada con el sol radiante, no es solamente la negación o la destrucción de la vida. Es una especie de potencia cuya sede es el sol.[7] El disco solar es la muerte, reina sobre los seres que tienen una duración de vida limitada (es la causa de esta limitación) y, al mismo tiempo, forma en el plano cósmico el límite con lo que está fuera de su dominio. El hombre, mortal, lleva en sí a la muerte bajo la forma de una réplica de la imagen de sí mismo que está en el sol. Cuando la muerte que lo habita se desprende de él, deja de ser mortal, deja de ser, muere.

En otras palabras, el sol no está del todo entero en su faz mortuoria. Diez himnos del R̥g-Veda celebran al sol o al dios Sol, su luz dig-

[5] Sobre la noción de *jāmi*, véase el capítulo "Hermanos y hermanas", p. 35 s.

[6] Cf. S. Lévi, *La Doctrine du sacrifice dans les Brāhmaṇas*, París, PUF, p. 96 s.

[7] Sobre la relación entre la muerte y el sol en los Brāhmaṇas, véase S. Lévi, *loc. cit.*; en las antiguas Upaniṣad, M. Falk, *Il Mito psicologico nell'India antica*, Milán, Adelphi, 1986, pp. 80 y 109 s.

na de adoración: es el rostro celeste de Agni, el ojo cósmico que dispersa las tinieblas. Identificado con Savitr̥, el "Incitador", es el destinatario de la plegaria más sagrada, quintaesencia de todo el Veda: la estrofa llamada *Sāvitrī* o *gāyatrī* (R̥S III 62,10). En el hinduismo épico o puránico, es uno de los ocho grandes dioses: innumerables textos exaltan su gloria. El grandioso templo de Konarak, donde aparece el carro del Sol, está hecho a la medida del lugar que ocupa este hijo de Aditi en la devoción y la imaginación de la India hindú. Sin embargo, el Sol, dueño y ordenador del tiempo, *kāla*, nunca olvida lo que significa para los mortales la sucesión de los días.

La conexión entre estas tres propiedades del hombre: tener réplicas, estar ligado al sol, ser mortal, se confirma y, al mismo tiempo, se vuelve más inteligible, por la figura de Yama, hijo de Vivasvant, el sol radiante. Yama es un gemelo, su mismo nombre tiene ese sentido. ¿Gemelo de quién? Desde los himnos védicos aparece la figura de su hermana gemela Yamī.[8] El carácter de gemelo, además, es recurrente en esta familia: el ancestro es Tvaṣṭr̥, el "Hacedor", una de las numerosas figuras cosmogónicas y demiúrgicas del Veda. Él pone en el mundo (el mito no nos da datos sobre la madre) a dos gemelos, un hijo, Triśiras, el "Tricéfalo", también llamado Viśvarūpa, el "Omniforme", y una hija, Saraṇyū.[9] Ésta desposa a Vivasvant, el Sol, y de esta unión na-

[8] Yamī es evocada, sin ser nombrada, en TĀ VI 5,1; se ruega a Yama que venga al área del sacrificio para que tome su parte de ofrenda, y se lo asocia a "la que está ungida con las gracias bienhechoras", en la que Sāyaṇa en su comentario reconoce a Yamī. Yamī se manifiesta también como Yamunā: es el río hoy llamado Jamnā, principal afluente de la Gaṅgā (el Ganges). La mitología hindú saca a la luz los contrastes y la complementariedad de los dos cursos de agua. Mientras que la Gaṅgā desciende de la luna, la Yamunā es un río solar, ya que es la hija de Vivasvant; como su padre, el sol, y su hermano Yama, está ligada a la muerte; ella es negra, en tanto la Gaṅgā es blanca; tiene por acompañamiento o por montura a la tortuga, símbolo de la vejez y del tiempo que avanza, mientras que la Gaṅgā está asociada al *makara* (¿cocodrilo o delfín ?), animal dotado de un inalterable vigor. La Yamunā es un camino que conduce a la morada de los muertos que están obligados a permanecer en el ciclo de los renacimientos y de los que repiten su muerte, mientras que la Gaṅgā es el río de la liberación. Véase H. von, Stietencron, *Gaṅgā und Yamunā*, Wiesbaden, Otto Harrassowitz, 1972, pp. 70-79.

[9] Sobre la genealogía de Yama, los datos védicos están claramente expuestos en *Br̥had-Devatā* VI, 157-163; VII 1-7. Véase A. Bergaigne, *La Religion védique...*, París, Vieweg, 1878, vol. I, pp. 85-97; *op. cit.*, 1993, vol. II, pp. 506-510; A. Macdonell, *The vedic mithology*, Varanasi, Indological Book House, 1963, pp. 171-174; A. Hillebrandt, *Vedische Mithologie*, Breslau, Olms, 1929, pp. 355-372; U. Schneider, "Yama und Yamī", *Indo-Iranian Journal*, vol X, pp. 1-32. Algunos de los textos más importantes están traducidos en W. D. O'Flaherty, *Hindu Myths*, Londres-Nueva York, Penguin Books, 1975, pp. 60-70 y *passim*; *Wo-*

cen los gemelos Yama y Yamī; pero también, según ciertas versiones de la leyenda, los dos perros a los que Yama convertirá en guardianes de los Infiernos: estas mismas versiones muestran incluso que Yama es, en realidad, el hijo que Tvaṣṭṛ ha engendrado en el seno de su propia hija.[10] Sin embargo, la tradición más corriente dice que Yama es el hijo carnal del esposo de su madre, el Sol Vivasvant, quien nace predestinado a engendrar al que será el soberano de los muertos y los mortales. El Sol, en efecto, debe su nacimiento a la desmesura, a la presunción impía que se ha apoderado de su madre, la diosa Aditi. Según lo que enseñan muchos textos de la prosa védica (TS VI 5,6,1; ŚB III 1,3,2-4;cf. ṚS X 72, 8 s.), Aditi había hecho una serie de ofrendas a los Sādhya, "dioses anteriores a los dioses", y de acuerdo con las reglas, había comido los restos de sus ofrendas: como consecuencia de ello había dado a luz, en varias ocasiones, a una camada de dioses, los Āditya.[11] Pero pensó que, si en lugar de comer los restos, se servía primero, quedaría embarazada de una progenie todavía más vigorosa. Fue un error: el resultado de este procedimiento incorrecto fue una masa de carne informe[12] que recibió el nombre de Mārtāṇḍa, literalmente, "quien salió de un huevo muerto". Aditi rechaza este feto, pero los Āditya no aceptan que se destruya a un ser que, a pesar de su deformidad, es su hermano. Lo recogen, lo modelan, le dan una forma que es un esbozo de lo que será la forma humana y hacen con él el sol: Mārtāṇḍa, ser salido de la muerte, se vuelve apto para la vida por sus hermanos, pero al mismo tiempo que se convierte en sol y recibe, como sus hermanos dioses, el apelativo de Āditya, es consagrado a la procreación de lo que será la raza humana, directamente o por la mediación

men, Androgynes..., Chicago-Londres, The University of Chicago Press, pp. 180-185; "Death as a dancer...", *Sanskrit Studies...*, Dorch., Boston, Londres, pp. 201-211; S. Bhattacharji, *The Indian Theology*, Cambridge Univeersity Press, 1970 *passim*. Sobre las características de dualidad asociadas a Yama y, más generalmente, sobre la relación del "uno" y el "dos" en la mitología del Ṛg-Veda, véase S. Kramrisch, "Two...", en E. Bender (ed.), *Indological...*, New Haven, American Oriental Soc., 1962, pp. 109-136, especialmente, pp. 119-123.

[10] Cf. A. Bergaigne, *op. cit.*, II, pp. 318, 488 y 507. Sobre la mitología de Tvaṣṭṛ, G. Dumézil, *Aspects de la fonction guerriére...*, París, PUF, 1956, pp. 25-76; y *Heur et malheur du guerrier*, París, PUF, 1969, p.113 *sq.*

[11] No hay acuerdo sobre el número de los Āditya: siete más uno, según ṚS, cuatro más uno según TS.

[12] Quizás un juego de palabras en ŚB III 1,3,3 con el nombre de esta masa corporal, *saṃdegha*, que puede sonar como *saṃdeha* "[objeto] de duda", según *PW* VI, col. 637.

de su hijo Yama (MS I 6,12). Además parece que *mārtāṇḍa*, en los himnos védicos, es una forma figurada de nombrar al hombre (R̥S II 28). Un himno del R̥g-Veda (R̥S X 17,1) alude a las nupcias del Sol con la hija del "Hacedor". Ésta, Saraṇyū, después de haber puesto al mundo a Yama y Yamī, no puede soportar la vista de su esposo el Sol, y menos todavía las quemaduras que sufre con su contacto. Huye, pero toma la precaución de crear un doble, una réplica de ella misma llamada Savarṇā, "la que tiene el mismo color", a la que deja junto a su marido.[13] El Sol, al principio, no se percata de la sustitución, y de sus amores con Savarṇā nace otro ancestro de la raza humana, Manu.[14] Para escapar con más seguridad y rapidez, Saraṇyū se transforma en una yegua. El Sol termina por darse cuenta de su ausencia y se lanza a su persecución, transformado él, a su vez, en un caballo. Se reúne con ella y en este acoplamiento como caballos procrean un nuevo par de gemelos, los Aśvin, dioses antropomorfos, como son en general e implícitamente los dioses védicos, pero que conservan de su nacimiento una naturaleza equina y la posesión de carros tirados por caballos.[15] El mismo Yama está asociado al caballo de muchas maneras: en un sacrificio mítico donde tiene el papel de uno de los sacerdotes oficiantes, recibe un caballo a título de honorarios por el sacrificio (ŚB IV 3,4,27 y 31). La planta *silācī* fue regada con la sangre del caballo de Yama: a ella debe su color pardusco (AS V 5,8). El caballo que se le inmola en ocasión del sacrificio real llamado *aśvamedha,* tiene como origen mítico un caballo surgido del océano: en el poema védico que celebra su nacimiento se lo saluda como un don de Yama, ya que se lo relaciona con el mismo Yama y con el sol (R̥S I 163,2).

DOS

La condición de gemelo que define a Yama y que caracteriza su historia familiar, no es sino el aspecto biográfico de una dualidad o, más precisamente, de una afinidad con el número "dos" y el ordinal "segundo", que parece el signo distintivo de su manera de ser y que se

[13] Sobre la desaparición de Saraṇyū, cf. R̥S X 17,2; AS XVIII 2,33.

[14] Sobre Manu, y más generalmente, sobre el origen de la raza humana, A. Bergaigne, *op. cit.*, I, pp. 62-70.

[15] Cf. H. Oldenberg, *Die Religion des Veda,* Suttgart-Berlín, 1917, p. 71 y n. 4.

observa también en todo lo que se relaciona con los muertos y los ancestros, con los Padres que son, como se verá, su dominio. He aquí algunos ejemplos:

- Yama tiene dos mensajeros, personajes aterradores, "con larga nariz, arrebatadores de vida, que andan entre los hombres" (R̥S X 14,12).[16]
- Dos perros, uno negro, el otro manchado, que a veces se confunden con estos dos mensajeros, son los guardianes del camino que conduce al mundo de Yama; cada uno tiene dos pares de ojos (R̥S X 14,10 s.; AS IV 20,7; VIII 1,9; TS V 7,19,1).[17]
- En la escatología del hinduismo posvédico, el viaje del muerto hacia el mundo de Yama está duplicado: tan pronto el hombre ha expirado, su alma realiza una primera travesía, y después vuelve junto al cadáver, extrae de él ciertos soplos vitales y, dotado de una especie de cuerpo físico, hace un nuevo viaje, esta vez definitivo, hasta el lugar donde Yama lo recibirá y juzgará.[18]
- El rito del *agnihotra*, que se celebra dos veces en el día, comprende dos oblaciones. Los gestos, palabras e ingredientes de este rito, cada uno de estos elementos separadamente, están destinados a satisfacer a tal o cual grupo de divinidades o potestades, pero el hecho mismo de que estas oblaciones sean dos, complace a los Padres. Entre los ancestros y la idea de "dos", y sobre todo, de "segundo", aplicada a la oblación, hay una especie de consonancia (TB II 1,4,7).
- En el sacrificio solemne, que consiste en ofrendas del licor extraído de la planta llamada *soma*, las ramas de esta planta se colocan en dos carros que luego se introducen en el terreno de la ceremonia. Que los carros sean dos e idénticos (se los conoce como "gemelos") es suficiente para suscitar la presencia o al menos evocar la idea de Yama, aunque este dios no juegue ningún papel en esta fase del rito, y justifica la inclusión del himno védico que glorifica a los carros (R̥S X 13) en la pequeña serie de himnos a Yama y a los Padres (R̥S X 10-19).
- El dios Yama es la divinidad tutelar del *yamaka*, procedimiento poé-

[16] A veces, los mensajeros de Yama son más de dos. En AS VIII 8,10 s., se los nombra en plural. Cf. L. Renou, *op. cit.*, p. 129.

[17] Cf. H. Oldenberg, *op. cit.*, p. 471 s.; A. Wezler, *Die Wahren...*, Mayence, Wiesbanden, Akademie der Wissenschaften und der Literatur, 1978, p. 41 s.

[18] Cf. J. Parry, *Death in Banaras*, Cambridge University Press, 1994, p. 173; G. Moréchand, "Contribution a l'étude...", *Bulletin de l'Ecole française d'Extrême Orient*, t. LXII, p. 55.

tico consistente en la recurrencia de sonidos, repeticiones en la misma estrofa de sílabas similares pero de sentido diferente (*Kāvyamīmāṃsā* de Rājaśekhara;[19] *Kāvyaprakāśa* IX 83).

- En los himnos de Abhinavagupta a los Kālī, Yama (quien en el sistema *krama* del tantrismo significa "el que restringe") tiene el sentido de "dilema que engendra duda e incertidumbre".[20]

La tendencia a hacer del "dos" una señal de Yama o de los Padres es especialmente notable ya que, al menos en la India brahmánica, no existe la idea de un "doble" fantasmal como síntoma o figura de la muerte.

El lazo entre el "dos" y lo que tiene relación con la muerte se hace más inteligible si se toma conciencia del papel que juega Yama, presencia e instancia de la muerte, en la organización de la humanidad, y si se tienen presentes los desdoblamientos-duplicaciones que caracterizan a los dispositivos por los que los mortales esperan alcanzar una forma de inmortalidad.

EL CAMINO DEL MÁS ALLÁ

La teología védica y brahmánica de Yama está presente en algunas estrofas del Ṛg- y del Atharva Veda. Yama, dios de la muerte, es una divinidad de la cual uno quiere escaparse o apartarse, y al mismo tiempo, como rey de los muertos convertidos en ancestros, una divinidad a la que se le implora protección. Esta categoría la consiguió como consecuencia de dos acontecimientos que constituyen lo esencial de su mitología:

Eligió morir; esta decisión lo convierte en el primer ser que muere, el primero de los mortales. Lo que hace pensar que en el momento de hacer esta elección era, al menos virtualmente, inmortal (ṚS I 83,5).[21] El acontecimiento de su muerte no es sino traducir en acto

[19] Trad. al francés por Stchoupak y Renou, *La Kāvyamīmāṃsā de Rājaśekhara*, París, Imprimerie nationale, 1946, p. 24.

[20] Cf. L. Silburn, *op. cit.*, p. 143.

[21] ṚS I 83,5: *yamasya jātam amṛtam*, "la inmortalidad innata de Yama". Cf. L. Renou, *Études védiques et pāṇinéennes*, París, Boccard, t. XVI, 1969, p. 31. Interpretación bastante más plausible que la de K. Geldner, *Der Rig Veda...*, Cambridge, Harvard University

lo que está inscrito en su misma naturaleza: hijo de un sol "radiante" (Vivasvant) que también es "el que proviene de un huevo muerto" (Mārtāṇḍa), es sustancialmente la muerte y lo que inflige la muerte.

Habiendo decidido morir y calificarse él mismo, retroactivamente, como mortal, cumple entonces la hazaña que le valdrá su título de "soberano de los ancestros": reconoce el camino que lo conduce al más allá. Es el camino que tomarán, de ahí en adelante, los muertos para ir al "mundo" (*loka*) o al "reino" (*rājya*) de Yama. Su muerte no es una desaparición. Es una inauguración.

Estos dos acontecimientos, en efecto, implican que como consecuencia de la muerte de Yama se haya formado una clase de seres, los mortales, la raza de los hombres: aunque la muerte afecta a todos los seres vivos, sólo los hombres (es decir, los miembros del género humano) son mortales, sólo los hombres se convierten en ancestros (los "Padres": término genérico que engloba a las mujeres convertidas en ancestros y que tienen el título de "Madres").[22] Así, entonces, es gracias a su nacimiento solar, como se verá más adelante, que tiene esta particular afinidad con la raza de los hombres, que lo predestina a fundarla y reinar sobre ellos. Sin embargo, este otro acontecimiento que sería la creación, o al menos, la aparición de la humanidad, no consta como tal ni forma parte de las hazañas de Yama. Es un hecho que se nos escapa y se deduce, principalmente, de lo que se dice sobre las categorías respectivas de dioses y hombres, y del papel devuelto a Yama en el agenciamiento de estas categorías. Una cosa es clara: el orden del mundo implica que hay en él hombres que ofrecen sacrificios a los dioses. La humanidad sacrificante está hecha de generaciones sucesivas. Mortales por definición, los hombres tienen acceso a dos formas solidarias de inmortalidad: se prolongan en la tierra por su progenie; viven como personas en el mundo, donde Yama los espera después de haber trazado el camino que los conduce a él: pero llegan

Press, 1951: "lo que de Yama ha nacido inmortal" ("*das unsterbliche Geschlecht des Yama*"), como si el genitivo valiera por ablativo y el nacimiento de los dioses hubiera estado relacionado con Yama.

[22] En la cosmología védica parece que falta distinguir dos clases de Padres: 1) los ascendientes muertos de los mortales; 2) Padres fundadores, si se los puede llamar así, aparecidos como tales en la creación, al mismo tiempo que los dioses, los hombres mortales vivientes y los animales. La manera de ser propia de cada uno de estos grupos, frente a su creador común, está descripta en ŚB II 2,4,1 ss.

a este mundo sólo para ser Padres; es necesario, por lo tanto, que tengan hijos calificados para ejecutar los únicos ritos funerarios que hacen posible la transformación de los difuntos en ancestros. Yama impulsa esta maquinaria: la descendencia es una "trama (*tantu*) que se urde sobre el bastidor (*paridhi*) extendido (*tata*) por Yama" (R̥S VII 33,9 y 12). En consecuencia, de ahí en más habrá mortales, a quienes se les promete convertirse en Padres una vez que en ellos se haya realizado la muerte. Si bien no fueron procreados por él mismo, es por él que las generaciones tienen descendencia (*Br̥had-Devatā* II 48). Y aunque Yama sea el soberano de los Padres, no debemos perder de vista que él es también el dios de la muerte, asociado o identificado con la muerte misma. Esto se ve constantemente en los textos del hinduismo épico y puránico, pero también ya en el Veda. He aquí los textos que hay que esforzarse en relacionar:

- *R̥k-Saṃhitā* X 14,1:

A aquel que ha seguido hasta el fin a los grandes ríos,[23]
Aquel que para muchos señaló el camino,
El que, hijo de Vivasvant, reunió a los hombres,
El rey Yama, honradlo con un sacrificio.

Variante *Atharva-Saṃhitā* VI 28,3 para el último verso:

A Yama... a [el que es] la muerte, homenajead.

- *Atharva-Saṃhitā* XVIII 3,13:

A aquel que murió —el primero de los mortales—
El que primero se fue hacia ese mundo,
El hijo de Vivasvant, el semejante a los hombres,
El rey Yama, con vuestra ofrenda, servidle.

A esto hay que agregar una estrofa oscura pero crucial, cuya posible traducción sería:

[23] El término *pravat* significa literalmente "lo que va derecho". L. Renou traduce "distancias" (*Hymnes spéculatifs du Veda*, París, Gallimard, 1956, p. 59), pero también "los ríos que van derecho" (*Études védiques*, *op. cit.*, p. 106); "caminos en línea recta + ríos" (*ibid.*, p. 111); "pendiente, extensión recta" (*ibid.*, p. 124).

- *Ṛk-Saṃhitā* X 13,4:

A los dioses, prefirió la muerte.
A la progenie, prefirió la inmortalidad.
Los dioses hicieron del vidente Bṛhaspati su sacrificio.
Yama renunció a que su cuerpo bienamado [se perpetuara].

Para los dos primeros versos retomo la interpretación propuesta por Geldner en una nota a su traducción. El texto está arreglado de modo que se pueda comprender (esta segunda interpretación es la que sostiene Geldner en el cuerpo de su traducción):

Para el bien de los dioses, eligió [para él] la muerte.
Para el bien de la progenie no eligió [para él] la inmortalidad...

En estas dos lecturas se supone que Yama, mencionado solamente en el verso 4, es también el sujeto en los versos 1 y 2. De todas maneras, cualquiera que sea la sintaxis de los complementos "dioses" y "progenie", entendemos que Yama se coloca a sí mismo, junto a las generaciones humanas, en la no-inmortalidad y que está diferenciado de los (otros) dioses. No por eso es menos dios, así está permanentemente señalado en la prosa védica, y los hombres sólo aspiran a una forma de sobrevida que les debe provenir de Yama. ¿Cómo comprender el verso 4? Según Geldner, Yama actúa de modo que su cuerpo subsista, se prolongue por la procreación. Dicho de otro modo, Yama, renunciando a la inmortalidad, se convierte en procreador: las generaciones sucesivas son su linaje. Esta interpretación sería convincente si tuviéramos alguna indicación de la manera por la que Yama pudo dar nacimiento a este linaje. Pero Geldner indica también en una nota que el verbo *pra-ric*, traducido por "dejar", significa también (y más a menudo), "dejar en reserva". Si se acepta esta acepción de *pra-ric*, se comprende lo que ha sido la muerte de Yama: fue separado, en el momento de pasar por la muerte, de su "cuerpo bienamado", de su cuerpo inmortal. Se hizo mortal con el fin de establecer las condiciones de vida y sobrevida de las generaciones de mortales. Pero la inmortalidad de tipo divino es, en teoría, incompatible con la procreación, la cual es indispensable para esa vida más allá de la muerte otorgada por los ancestros. La división entre inmortales sin procreación y procreadores sin inmortalidad aparece en un texto de la prosa védica donde se dice que los dioses han obtenido el esplendor soberano y que serán puros, pero que se han separado del mundo y que no tendrán progenie (KS VIII 4).[24]

La ambigüedad de la acción de Yama —impone la muerte y, al mismo tiempo, otorga el acceso al más allá de la muerte— está en concordancia con la ambigüedad de su naturaleza.[25] En tanto dios, es la muerte, y en tanto que "primero de los mortales", es el que guía a los difuntos hacia el lugar donde podrán "vivir" como ancestros. En realidad, pero esto es en otro registro del pensamiento védico, se afirma continuamente que los hombres que ofrecen con corrección los sacrificios a los dioses en el curso de su vida, se preparan en el cielo (*svarga*) un espacio, o un mundo (*loka*), que ocuparán después de su muerte y donde estarán con los dioses. La manera en que este porvenir de inmortalidad celeste se articula con la categoría de ancestro en el mundo de Yama no es clara.[26] En las doctrinas ulteriores se produce una armonización; consiste en hacer de la estada en el reino de Yama, con la categoría de Padre, una fase limitada en el tiempo, previa al ascenso al cielo. En un Brāhmaṇa que da origen al rito del *agnihotra*, de doble celebración diaria, leemos estas frases que señalan la visión que los hombres tienen de Yama:

> en verdad, es la muerte que es Yama. Él se dispone a devorar todo. Cuando se lo apacigua por estas ofrendas, se conquista la fuerza de los mundos, se vence al dios Yama. Asciende hasta unirse con los dioses, llega a vivir con aquéllos en su mundo quien, sabiendo esto, hace la ofrenda del *agnihotra* (JB I 28).

[24] Cf. H. Krick, *Das Ritual der Feuergründung*, Viena, Verlag der Österreichischen, 1982, p. 370.

[25] Entre las víctimas que se matan (simbólicamente) para acompañar la inmolación de la víctima principal en el sacrificio humano (sobre esto véase el capítulo "Modelo y réplica", p. 108) se mencionan: una mujer estéril ofrecida a Yama dios de la muerte y una mujer encinta de gemelos para Yama, dios de las generaciones (ŚB XIII 6,2,20), o para Yamī (TB III 4,12,10).

[26] Desde AS VI 117,3 se observa una distinción entre los mundos adonde conduce el "camino de los Padres" (*pitṛyāna*) y aquel adonde conduce el "camino de los dioses" (*devayāna*). Cf. También ŚB I 9,3,8. Según AS XII 3,3, parece que los caminos de los dioses pertenecen también a los "reinos de Yama". La diferencia se hace más rígida en las Upaniṣad con el surgimiento de la doctrina de la transmigración BĀU VI 2 y ChU V 3 ss.). El camino de los dioses se convierte en un camino hacia el Absoluto; el que se dedica a él, se salva de los tormentos de los nacimientos y muertes sucesivas. Cf. S. Lévi, *op. cit.*, p. 96; A. Keith, *The religion and philosophy...*, Cambridge, Mass., 1925, p. 575 s.

Dos estrofas continuas en un himno del Atharva-Veda ilustran la misma idea: que Yama, la muerte, se aleja; que Yama, soberano de los ancestros, concede a los hombres que alcancen la inmortalidad. Mientras ejecutan los ritos funerarios por quien acaba de morir, los deudos también hacen, por su cuenta, una doble plegaria dirigida al sol, Vivasvant, y al mismo Yama. Piden (llamándose "estos hombres") vivir en la tierra una prolongada vida, sin ser alcanzados por la muerte-Yama y, llegado el momento, acceder a la supervivencia en el mundo de Yama:

¡Que Vivasvant nos lleve a la inmortalidad!
¡Que la muerte se aleje, que venga a nosotros el que es inmortal!
¡Que él proteja a estos hombres hasta la vejez!
¡Que sus soplos vitales no vayan hacia Yama!

Al que por su poder se sostiene [como un pájaro] en el espacio intermedio
[entre cielo y tierra],
El poeta de los Padres, él, que piensa previendo los pensamientos,
¡Oh vosotros, verdaderos amigos, homenajeadlo con vuestras oblaciones!
¡Que Yama nos conceda vivir un poco más!
(AS XVIII 3,62 s.).

Un detalle da cuenta de la doble naturaleza de Yama: cuando uno se dirige a los inmortales (incluyendo además a Vivasvant), debe decir la exclamación *¡svāhā!* Cuando se dirige a los Padres, la exclamación apropiada es *¡svadhā!* Cuando uno se dirige a Yama, cualquiera de las dos expresiones es adecuada.[27]

Pero como hemos visto, Yama, dios y mortal, es también "Poeta de los Padres". Al homenaje y a la plegaria que le dirigen, están asociados los *ṛṣi*, los "videntes", que fueron los primeros en introducirse en el camino abierto por Yama y que son ellos mismos "hacedores de camino" (*pathikṛt*) (ṚS X 14,15). Completando su hazaña, Yama ha manifestado la fuerza poética que había en él: el camino es tanto descubierto como creado, comparable en este sentido al poema védico que resulta simultáneamente de una revelación (el poeta "vio" el poema y lo ha traducido en palabras), de una inspiración (el poeta tiene el en-

[27] Cf. H. Oldenberg, *op. cit.*, p. 282 y n. 2.

tusiasmo y la presencia de ánimo necesarios para el trabajo poético) y de una construcción (el poeta "teje", "construye" su obra, su *apas*). Entre Yama que vio e hizo el camino, y los poetas que vieron, elaboraron y enunciaron los poemas del Veda, no sólo hay una analogía: el camino al más allá también es obra del lenguaje; se necesitan palabras que los vivos deben pronunciar para que el difunto realice su transformación en Padre y alcance su destino. Estas palabras rituales, al igual que las palabras védicas que dan a conocer este proceso, remarcan la creación poética de Yama. Así como las formas métricas (*chandas*) de la poesía védica, "la *triṣṭubh* (estrofa de cuatro versos de once sílabas), la *gāyatrī* (tres versos de ocho sílabas), todos los metros tienen cabida para Yama" (R̥S X 14,16).

VALLAR

Ya que es el dios de la condición humana, Yama es invocado como el *dharma-rāja*, rey del *dharma*, esto es, de las observancias que para cada hombre y para toda la humanidad se deducen de esta condición. En sentido más amplio, el *dharma* es el orden cósmico y social, el sistema que hace que las cosas, los seres, se correspondan, manteniéndose unidos para formar el mundo: las observancias a las cuales los hombres están obligados sólo tienen sentido en este marco.[28] El apelativo de *dharma-rāja* se le da a Yama a partir de las Epopeyas. Pero ya en el *Satapatha- Brāhmaṇa*, tratado sobre el sacrificio que forma parte del corpus védico, Yama, identificado como "el que brilla en lo alto", es celebrado como "el que sostiene todas las cosas, por quien todas las cosas se sostienen" (ŚB XIV 1,3,4). Aquí se afirma bien la idea de *dharma*. Hay que observar que el verbo traducido por "sostener" es *yam*, literalmente: "contener", "constreñir"; para la conciencia lingüística india, es la raíz de la que deriva el nombre Yama (*Nirukta* X 20). La palabra *yama* significa "gemelo", como ya se ha visto, pero cuando lleva el acento en la segunda sílaba; así se acentúa el nombre propio. A su vez, el

[28] La bibliografía sobre la noción de *dharma* es inmensa. Aquí mencionaremos solamente a P. Kane, *History of Dharmasastra*..., Poona, Bhandarkar O. R. Institute, 1968-1975; R. Lingat, *Les sources du droit*..., La Haya, Mouton, 1967; el conjunto de los trabajos de Madelaine Biardeau, especialmente *L'hindouisme*..., París, Flammarion, 1981; W. Halbfass, *India and Europe*..., Albany, SUNY, 1988, pp. 310-348.

sustantivo común *yama*, cuando lleva el acento en la primera sílaba, significa "represión", "coacción", y más concretamente en la lengua de los himnos, "brida". Yama debe su nombre, por una parte, a que es un gemelo, y por otra al hecho de que, etimológicamente, ejerce la acción indicada por la raíz verbal *yam*.[29] Frecuentemente se menciona y utiliza esta derivación para explicar la función y el carácter de Yama. El rey Yama se llama así porque hace cumplir la ley imponiendo a los hombres y a los seres la tensión gracias a la cual las cosas se "sostienen". Uno de los textos védicos donde esta etimología sale a la luz, muestra a Yamī asociada con Yama (en este caso, a Yamī se la asocia con la tierra y a Yama con el fuego): "por estos dioses toda cosa se sostiene" (ŚB VII 2,1,10).

El "orden" que denota el *dharma*, y que es tanto lo que permite como lo que exige el rey Yama, se pone en marcha, entre los humanos, por este hombre que es el rey. El mismo rey humano tiene justamente por función esencial, por regla dhármica, velar para que el *dharma* en su conjunto sea preservado y, por lo tanto, castigar a cualquiera que no acate sus reglas, que se aparte de su propio deber. En este sentido, Yama es el modelo de rey. Si Yama es el rey del *dharma*, el ideal de rey es ser un rey según el *dharma*.[30] A semejanza del rey Yama, el rey hu-

[29] ¿Se puede considerar que *yama*, "gemelo", deriva de la raíz verbal *yam* "[con-] /[man-] tener", "constreñir"? En este caso habría que aclarar la relación semántica entre el carácter de gemelo y la coacción. ¿Ser gemelo sería un aspecto, el resultado, de una "compulsión de repetición" que afectaría al sujeto y sería el destino o el mecanismo de la reproducción? Los diccionarios etimológicos sólo tratan aspectos formales y dejan de lado la cuestión del sentido. Mayrhofer admite que *yama* "gemelo" debe estar relacionada con el latín *geminus*, aunque la correspondencia sánscrito *y*-/ latín *g*- es dificultosa (M. Mayrhofer, *Kurzgefasstes etymologisches...*, Heidelberg, Carl Winter, 1964, p. 8). Para Meillet (Ernout y Meillet, *Dictionnaire étymologique de la langue latine*, París, Klincksieck, 1951, p. 478) *geminus*, que en latín es un término aislado, quizá derive de una raíz indoeuropea **gem*, lo que está atestiguado por el griego *gemô*, "soy pleno", y el eslavo antiguo *žĭmǫ* "yo presiono": "La relación entre *geminus* y una raíz **gem* [...] sería parecida entre el skr. *yamaḥ* y la raíz *yam* 'tener', 'tender'." Pokorny ve claramente la existencia de una raíz indo-europea **yem* que tendría el sentido de "halten, zusammenhalten" y también "paaren". Justificaría el conjunto de las formas sánscritas y del latín *geminus*, que debería su *g*- a la influencia de la raíz **gem* (J. Pokorny, *Indogermanisches etymologisches Wörterbuch*, Berna, Munich, Francke Verlag, 1959, p. 505). (M. Vasmer, *Russisches etymologisches Wörterbuch*, Heidelberg, Carl Winter, 1953, p. 427 acepta el paralelo entre el verbo del eslavo antiguo y el verbo griego, pero no menciona a *geminus* ni se refiere a la cuestión de los términos sánscritos. P. Chantraine, *Dictionnaire étymologique de la langue grecque*, París, Klincksieck, 1968, p. 215 respecto a *gemô*, no da ninguna indicación de una posible relación con *geminus* y los términos sánscritos.)

[30] Cf. Manu VIII 173. Como Yama, el rey también debe controlarse a sí mismo y ejer-

mano devuelve la justicia, es decir, restaura el *dharma,* castigando a los que pudieron lesionarlo con sus transgresiones. Yama es el juez de los muertos ya en *Taittirīya-Āraṇyaka* VI 5,3. Pero entre Yama y el rey terrestre hay una afinidad más misteriosa y más profunda. Yama, y también Mṛtyu, la muerte, están socialmente definidos, como lo están todos los dioses del panteón védico. Pertenecen a la clase de los *kṣatriya,* al grupo social de los guerreros que, normalmente, son quienes detentan el poder real (BĀU I 4,11). Estrictamente hablando y ateniéndonos al plan de la cosmología védica, los súbditos de Yama, los Padres, permanecen en un mundo, su reino, que es un espacio distinto del de los vivos. Pero las instrucciones sobre el ritual muestran otra idea, potente y rica en consecuencias: la tierra sobre la que circulan los vivos está enteramente ocupada, previamente ocupada, por la muerte, y ante todo, por definición, porque la muerte es omnipresente: "Yama es el soberano y el poseedor de la tierra en toda su extensión... Por mucho que se buscara, no se encontraría en toda la tierra una superficie del tamaño de una punta de flecha que no estuviera ocupada por la muerte" (TS V 2,3,1).[31] Por eso, cuando un hombre quiere instalarse en una parcela de tierra para colocar allí sus fuegos de sacrificio, en primer lugar debe obtener el asentimiento de Yama, así como el acuerdo de los Padres. Es una regla general para las relaciones entre los vivos: sólo se puede fijar un emplazamiento si el *kṣatriya,* el que ejerce el poder sobre el lugar, da su consentimiento y si el conjunto de los habitantes (la *viś*) que allí residen, aceptan hacer un lugar (ŚB VII 1,1,1 ss.). Esta regla tiene una genealogía textual que se puede rastrear. En el punto de partida, una fórmula ritual, cuyo texto completo está dado en los tratados sobre el sacrificio y cuya primera parte está inserta en un himno rg-védico a Yama (ṚS X 14,9):

Alejaos, dispersaos, arrastraos fuera de aquí,
Los que estáis aquí desde hace mucho tiempo y los que estáis aquí desde hace poco,

cer sobre su propia persona su poder de obligar. En el *Mahābhārata* el virtuoso rey Yudhiṣṭhira es el prototipo del *dharmarāja.* Sobre Yama *dharmarāja* véase M. Biardeau, *Études de mythologie védique,* Pondichéry, Publications de l'École fr. d'Extreme Orient, 1994, t. II, p. 156 y n.14.

[31] Cf. Oldenberg, *op. cit.,* p. 419. La tierra en tanto materia (*mṛd*) está también ligada a la muerte y a los Padres. No es necesario cubrir con un objeto de tierra (*mṛnmaya*) el recipiente que contiene la leche de ofrenda para el rito de la Luna Nueva: los objetos de tierra son convenientes cuando los destinatarios de la ofrenda son los Padres, que en este caso no es así (TB III 2,3,11; MS IV 1,3).

Yama dio este lugar de la tierra para eterno descanso,
Los Padres hicieron para él este espacio (TS IV 2,4).

Esta fórmula parte, inicialmente, del rito de los funerales. Está dirigida, en primer lugar, a los muertos antiguos, a quienes se ordena hacerle lugar al recién llegado. El espacio que se les pide liberar tan bruscamente es una parcela de tierra: la de la fosa donde se enterrará la urna que contiene los huesos reunidos después de la cremación, o bien el terreno que se eligió para la hoguera funeraria. El comentario de Sāyaṇa a uno de los textos que nos hace conocer este rito (TB I 2,1,16), llama a estos seres a quienes se ordena salir, "hombres de Yama". De hecho, es invocando la autoridad de Yama como los vivos pueden hacerse obedecer por los obstinados muertos. En una versión paralela, habla el mismo Yama:

Le doy este lugar de eterno descanso,
Al que ha llegado, al que aquí se ha hecho mío (AS XVIII 2,37).

Pero hay otro uso, ya lo hemos nombrado: se pronuncian estas mismas palabras cuando se prepara el terreno donde se va a instalar el fuego *gārhapatya*, uno de los tres fuegos necesarios en las ceremonias de culto solemne (TS V 2,3,1 s.; ŚB VII 1,1,1-4). No es sólo para hacer lugar a un nuevo residente del reino de Yama que los antiguos deben apartarse, sino también cuando los vivos quieren ocupar un espacio terrestre para prepararlo y representar allí el "mundo" que será suyo en el cielo. El rito fúnebre es aquí el origen y la justificación del rito divino, el pasaje de uno a otro está autorizado por la idea de que los espacios terrestres están bajo el dominio de la muerte y que la toma de posesión de un terreno por un ser vivo no puede hacerse sino como resultado de un don, de una concesión de Yama.

Cuando se ha asegurado el consentimiento del soberano y de los habitantes, de Yama y de los Padres, se puede preparar el terreno así acordado y circunscrito. Las sucesivas operaciones tienen lugar bajo la invocación de los dioses que tienen una competencia particular para cada una de ellas: Rudra, cuando se barre el polvo; los Viśve Devāḥ, cuando se extiende el excremento de la vaca. Pero el trazado de las líneas que marcan los límites, es competencia de Yama (BaudhGS I 8,1).[32] Esta

[32] Cf. J. Gonda, *Vedic ritual...*, Leyde, B. J. Brill, 1980, p. 26.

función particular de Yama (en el marco del conjunto de sus atribuciones como soberano de los lugares de eterno descanso, puntos de fijación, *avasāna*), corresponde a su papel de *antaka*, "el que pone fin": *antaka* es un sinónimo o un epíteto de *mṛtyu*, la muerte (personificada) ya en el Veda (AS VIII 1,1 etc.) y se convertirá en la Epopeya en uno de los nombres de Yama. Al igual que pone (un) fin a la (duración de) la vida, Yama traza las líneas que encierran estos lugares.

La conexión entre la soberanía de Yama y la soberanía de los reyes terrestres es tanto una analogía (Yama es un rey, actúa como rey, los reyes actúan como él, son como él) como la escenificación de un modelo justificativo: los reyes humanos son réplicas, necesariamente reducidas y limitadas, del rey Yama, son una especie de moneda, y no tienen ni fuerza ni autoridad más que porque operan en el marco fijado por Yama. Los textos védicos que tratan de la consagración real, más específicamente, de la unción-aspersión (*abhiṣeka*), contienen un conjunto de plegarias que tienen por efecto ornar al nuevo rey con todos los esplendores del cosmos y de volverlo semejante a cierto tipo de dioses. Entre estos ruegos hay uno que evoca a este rey, el dios de la muerte: "He aquí al que se ha convertido en soberano de los seres. La muerte hace su oficio en su consagración. Que este rey [que es la] Muerte sea favorable al reinado de este hombre" (AS IV 8,1). El comentario explica que la muerte está presente en el rito porque el rey, desde el momento en que se lo consagra, será un *dharmarāja* y deberá matar a los seres nocivos y proteger a los buenos. (El comentario de Sāyaṇa ad TB VII 7,15,2 entiende que la muerte es el mismo rey, llamado así porque está obligado a ejercer la justicia: el rey es justo como Yama. Ahora bien, Yama es la Muerte. Así pues, el rey es llamado con todo derecho "Muerte".) El dominio de Yama es más el *dharma* como un sistema de opuestos que como armoniosa regulación. Su arma es el bastón, *daṇḍa*, que también es la insignia real por excelencia. Y la palabra *daṇḍa* se utiliza corrientemente con el sentido de "castigo", "poder represivo", "disposición penal".[33]

En esta investigación sobre la relación entre la ley y la muerte es necesario ir más lejos. Si bien Yama inflige la muerte a todos los seres mortales, no reina sobre los muertos en general sino, se podría decir,

[33] La *daṇḍanīti* o "conducción del bastón", es decir, el arte de gobernar manejando a conciencia la fuerza, es la política como control y castigo, uno de los motivos esenciales del *Arthaśāstra* de Kauṭilya (véase especialmente I 4,3-16).

sobre los muertos que están dentro de las normas. Además, la necesidad de los vivos de hacerles a los difuntos los ritos que les permitirán convertirse en ancestros y en súbditos del rey Yama, es en sí misma una de las obligaciones fundamentales que constituyen la ley.

Las instituciones de la vida sólo tienen sentido si se las relaciona con la muerte. El carácter absolutamente ineludible de la muerte está reelaborado, repensado, en la mitología y la especulación védicas, formando el marco jurídico y social que la torna inteligible. La vida del hombre es un depósito que pertenece a la muerte, o bien a Yama (AS VI 117,1). Para obtener los medios que restituyan este depósito a Yama sin, no obstante, aniquilarse completamente, el hombre debe llenar su existencia con ritos. Estos ritos tienen por efecto colocar entre el hombre y su acreedor último, Yama, una pantalla de acreedores parciales a los que es posible satisfacer, no devolviéndoles su vida sino construyéndola en torno de cierto número de obligaciones: deudas múltiples que tiene el hombre desde su nacimiento hacia los dioses, los Padres, el Veda y los otros hombres, por el hecho de haber nacido mortal.[34] El pago de estas deudas es la esencia misma del *dharma*, al menos de la parte del *dharma* común a todos los hombres y que debemos distinguir del *dharma* correspondiente a cada situación particular.

Pero, ¿se trata verdaderamente de todos los hombres? La doctrina de la deuda congénita se presenta como una definición de la condición humana. Los textos que la enseñan nos dicen también que sólo están habilitados para celebrar estos ritos los miembros masculinos de las tres primeras clases de la sociedad brahmánica, los "dos veces nacidos" (*dvija*). Este segundo nacimiento es conferido por la iniciación (*upanayana*) que reciben, en su infancia o su adolescencia, los varones nacidos de padres brahmanes, *kṣatriya* o *vaiśya*. Es un nacimiento al Veda, al mismo tiempo que un nacimiento por el Veda: el maestro enseña a su alumno una fórmula considerada como la concentración de todo el Veda; desde entonces, el alumno está capacitado para estudiar el texto védico completo; y cuando sea mayor, podrá celebrar las ceremonias que incluyen recitado de textos del Veda; desde ahora lleva el cordón sagrado que es la insignia de su segundo nacimiento y

[34] Así ŚB I 7,2,1-6. Sobre este texto y los textos paralelos, S. Lévi, *La Doctrine du sacrifice, op. cit.*, p. 130 s.; C. Malamoud, *Le Svādhyāya...*, París, E. de Boccard, 1977, p. 27 s.; *Cuire le monde, op. cit.*, pp. 115-136.

que muestra que, de aquí en más, verdaderamente formará parte de la casta donde nació. Este renacimiento,[35] nacimiento ritual y social que repite —pero con una diferencia— el nacimiento biológico, es, insistimos, la vía de acceso a los gestos y a las palabras del culto; es la condición de posibilidad del *dharma*. Vemos que Yama está ligado al número "dos" por su naturaleza de gemelo, y lo está igualmente por su naturaleza de rey del *dharma*; impone (o permite) al hombre dhármico una duplicación del nacimiento.

HACERSE DOS

El sacrificio (*yajña*) aparece en la primera categoría de los ritos por los cuales se realiza el *dharma*. El sacrificio es, a su vez, y bajo muchos aspectos, un sistema de reiteraciones y de fabricación de dobles. En principio observemos que el sacrificio que celebran los hombres repite el sacrificio inicial, fundador, ejecutado en el origen de los tiempos por Prajāpati, el creador.[36] El sacrificio primordial, génesis en forma de sacrificio, en su organización interna es un dispositivo con cargador doble, y es esta reiteración la que repite el sacrificante humano. En los primeros tiempos, Prajāpati, abrasado por el deseo de ser múltiple y de crear el mundo, transforma este ardor en calor ascético: ofrenda su propio cuerpo; emite, extrayéndolos de su propia sustancia, los elementos constitutivos del cosmos, y especialmente, a los dioses. La historia dramática de esta génesis, la angustia del creador y el desasosiego de las criaturas, fueron expresados admirablemente por Sylvain Lévi mediante una yuxtaposición de citas.[37] Los dioses nacen hambrientos y Agni, el fuego, se vuelve, amenazante, con la enorme

[35] El doble nacimiento es un punto que tienen en común los hombres, al menos los que tienen derecho a la iniciación védica, y los pájaros, que nacen primero como huevo y después al salir del huevo. Se menciona esta semejanza cuando se trata de explicar por qué el altar de apilamiento del fuego tiene la forma de un pájaro con las alas desplegadas. Los hombres y los pájaros también tienen en común ser bípedos: no solamente *dvija* sino también *dvi-pad*. Cf. ŚB II 5,1,1; X 2,1,1 s. Se observa cómo el nacimiento conferido por el rito se convierte en un elemento de la naturaleza de aquel que lo recibió.

[36] En los Brāhmaṇa, Prajāpati, el "señor de las criaturas", es la figura cosmogónica principal. Cf. S. Lévi, *La Doctrine…*, *op. cit.*, pp. 13-36; H. Oldenberg, *Die Weltanschauung…*, Gotinga, Vandenhoeck und Ruprecht, 1919, pp. 26-32.

[37] S. Lévi, *ibid.*, pp. 13-34.

boca abierta, hacia su progenitor (ŚB II 2,4,4 y 7). "Se dio a sí mismo a los dioses. Realmente el sacrificio les pertenece, pues el sacrificio es el alimento de los dioses" (ŚB XI 1,8,2-4). El término "sacrificio" (*yajña*) aquí designa, como a menudo, la víctima del sacrificio o la materia de la ofrenda. (Así también en alemán *Opfer* significa tanto "sacrificio" como "víctima del sacrificio".) Se observará que las reglas que dicen el destino del sacrificio y que fijan la categoría de los dioses, el derecho de los dioses al sacrificio, son preexistentes a la creación. El mismo acto creador es la realización de un modelo de sacrificio anterior a la creación. Cuando surge, el sacrificio lleva en sí los criterios que permiten que se lo reconozca; nace con su nombre. Al entregarse, Prajāpati es legítimamente la presa de los dioses. Luego, en un segundo tiempo, para evitar ser devorado y aniquilado, Prajāpati emite un sustituto de sí mismo, un "sacrificio" (es decir, una víctima de sacrificio) con el que los dioses harán su alimento y gracias al cual él podrá reponerse. "Cuando se entregó a los dioses, hizo salir de sí una imagen de lo que era, y esto fue el sacrificio... Por el sacrificio, él salvó a su persona" (ŚB XI 1,8,2-5).[38]

La ejecución del sacrificio supone, pues, dos momentos: el de la puesta inicial, cuando el sacrificante no ofrece otra cosa más que a sí mismo, y luego el momento cuando este sacrificio es "extendido", prolongado, desplegado: el sacrificante ofrece una víctima que es él mismo, pero que, justamente por esta razón, es otro.[39] Dos fases, en esta secuencia, cada una marcada por un desdoblamiento del sacrificante; la segunda es una repetición de la primera. En principio, el sacrificante aísla en él una parte de sí mismo y con ella hace una víctima; luego se reconstituye, se convierte todo en sacrificante, pero genera fuera de sí un equivalente de su propia persona, equivalente que es toda víctima. Tal fue la manera de actuar de Prajāpati, tal es hoy la manera de actuar de los hombres.

Si el sacrificio es una serie de identificaciones (del sacrificante con la víctima, del individuo mortal con el Puruṣa primordial, del área del

[38] S. Lévi, *ibid.*, p. 130.

[39] El sacrificio (la víctima del sacrificio) no es la única réplica emitida por Prajāpati. También está el año. El acto creador de Prajāpati produce el tiempo articulado cuya base es el año. Que el año sea una imagen (*pratimā*) que Prajāpati hizo de sí mismo está confirmado por el hecho de que la palabra sánscrita para año, *saṃvatsara*, está constituida por cuatro sílabas, como el mismo nombre de Prajāpati (ŚB XI 1,6,13). Cf. Kramrisch, *The hindu temple*, vol. II, Delhi, Motilal Banarsidass, 1946 I, p. 70.

sacrificio con el cosmos, del altar de ladrillos con el tiempo organizado en año), también es un encadenamiento de dualidades: secuencias de dos fases, proyecciones de sustitutos.

A los ejemplos dados anteriormente para marcar los límites del anicionismo védico, agregamos ahora aquellos que introducen la idea de una medida común entre el modelo y lo que está destinado a ser la réplica.

El área oblatoria (*vedi*) sobre la que se depositan las ofrendas antes de ser arrojadas al fuego, tiene la forma de un trapecio cuyos lados iguales (los costados norte y sur), son ligeramente cóncavos. Se suele reconocer en él a un cuerpo femenino.

Debe ser más ancha al oeste, angosta en el medio, y otra vez ancha en el este. Cuando está hecha así se parece a una mujer: ancha en las caderas, un poco más angosta en los hombros y estrecha en la cintura. Así se construye una *vedi* que complace a los dioses (ŚB I 2,5,15 s.).

Pero aunque debe gustar a los dioses, no está destinada para ellos:

La *vedi* es mujer. Los dioses se sientan alrededor de ella, y también los brahmanes que estudiaron y que enseñan el Veda. Y como están sentados alrededor de ella, el sacrificante vela para que no esté desnuda. Es por eso que extiende sobre ella una alfombra de hierba (ŚB I 3,3,7 s.).

A este hombre mortal, el sacrificante, le está reservada la dicha de unirse a esta mujer.

Los dos hombros de la *vedi* se deben hacer de manera que se inscriban alrededor del fuego ofertorio, pues la *vedi* es mujer y el fuego es hombre. Y la mujer está acostada, estrechando al hombre en sus brazos. De esta manera se hace un acoplamiento fecundo (ŚB I 2,5,15).

El hombre, materializado por el fuego ofertorio es, al mismo tiempo, el hombre en general y este individuo particular que es el sacrificante: ambigüedad constante, pues un individuo humano no es un sacrificante sino porque es la imagen del Hombre del sacrificio originario. Para unirse a la *vedi*, su compañero, el hombre-sacrificante, debió construirla a su medida, es decir, calculando según sus propias dimensiones las de esta silueta femenina que va a mostrar y, a la vez, ocultar a los dioses: el borde oeste de la *vedi*, que es el borde más ancho y, por lo tanto, representa los hombros de esta mujer, debe tener la longitud de la altura del sacrificante (ŚB I 2,5,14). Del mismo modo, en los sacrificios que incluyen inmolación de animales, la víctima, antes de que se la mate, debe ser atada a un poste (*yūpa*), cuya altura es la misma que la del sacrificante (MS III 9,2; ĀpŚS VII 2,13).

En el sacrificio tomado como un todo y en cada una de sus partes constitutivas, siempre se trata de mostrar una réplica del hombre y de razonar sobre el modo cómo esta réplica coexiste con su modelo.

El sacrificio es el hombre porque el hombre lo despliega. Y en tanto está desplegado, tiene exactamente la medida del hombre. Es la razón por la que el sacrificio es el hombre (ŚB I 3,2,1).

Los textos nos llevan más lejos: si el sacrificante, mortal en busca de inmortalidad, no deja de proyectar imágenes de sí mismo en el universo del sacrificio, no sólo es porque la identidad entre el sacrificio y el sacrificante se acuña en una infinidad de correspondencias y homologías, sino también —nos enseña este pensamiento brahmánico que, en varios aspectos, es todo lo contrario de un humanismo—, "porque por el hombre se miden aquí todas las cosas" (ŚB X 2,2,6): aquí, es decir, en el espacio construido por el rito.

HERMANOS Y HERMANAS EN LA INDIA BRAHMÁNICA

"La constelación del hermano y de la hermana o: Ni separados ni unidos."

"—No sabía que fuéramos gemelos —dijo Agata, y su rostro se iluminó de alegría."
ROBERT MUSIL, *El hombre sin atributos*

Sin ninguna duda las divinidades del politeísmo védico forman un panteón: cada una de ellas en el mito, pero sobre todo en el rito, se distingue de las otras y se coordina con las otras; su personalidad se caracteriza por el dominio y el poder de acción, y los atributos físicos y morales que se le atribuyen. (Por supuesto, la articulación entre los diversos componentes del mundo divino no excluye la rivalidad y ni siquiera la hostilidad: frecuentemente los dioses entran en conflicto cuando se trata de determinar la parte que les corresponde en los diferentes rituales.)[1]

Sin embargo, a menudo, las figuras divinas se confunden y los rasgos con que se las dibuja no son suficientes para darles una identidad estable.[2] En efecto, por una parte la teología védica se ingenia para deshacer la noción de individuo divino: dotado de ubicuidad cada dios tiene numerosos cuerpos o, más aún, una infinidad de cuerpos; su potencia puede trasvasarse al cuerpo de otro dios, y los textos afirman una y otra vez que, considerado bajo tal ángulo, dadas ciertas circunstancias creadas por el rito, tal dios es idéntico a tal otro, *es* pura y simplemente, ese otro.[3] Por otra parte, las relaciones de parentesco entre los dioses son objeto de afirmaciones fragmentarias e inconexas.

A algunos dioses se los conoce por ser padres o hijos, y esta marca genealógica, esta relación con un ascendente o con un descendiente específicamente designado, puede jugar un importante papel en sus historias y en el culto que se les rinde. Pero otras divinidades, por el contrario, parece que no tienen ningún lazo familiar con nadie. Y

[1] Cf. H. Oldenberg, *Die Religion des Veda*, Stuttgart-Berlin, 1917, p. 94 s.
[2] Cf. H. Oldenberg, *op. cit.*, pp. 99-102.
[3] Cf. L. Renou, *Études védiques...*, París, E. de Boccard, 1964, t. XIII, pp. 20, 105.

otras, incluso, tienen la cualidad de "hijo" sin que nadie pueda saber de qué padre han nacido: en realidad, para un dios como Agni, la cuestión no se plantea en estos términos; sabemos, en efecto, que este hijo por excelencia es "hijo de sí mismo" (*tanūnapāt*).[4] Sin duda, en el vedismo tardío se impone la figura cosmogónica de Prajāpati: todos los dioses salieron de él, por lo tanto, son sus hijos; pero esto es igual para todas las criaturas, todos los elementos del cosmos, de la sociedad humana y del rito. Ello no impide que este creador deba ser recreado, a su vez, tanto en el mito como en el rito, por sus propias criaturas: en este sentido, el padre es también el hijo de sus hijos (y sobre todo, entre sus hijos, del dios Agni, quien tomó la iniciativa de esta recreación).[5] Así se establece, entre los autores del fin del período védico (en la *Bṛhad-Devatā* y en el *Nirukta*), la noción de filiación recíproca y reversible (*anyonyayonitā*) (*Bṛhad-Devatā* I 71 *s.*) por la que los dioses se dan nacimiento unos a otros (*itaretarajanmanaḥ*) (*Nirukta* VII 4; XI 23).[6] Si nos es difícil ver esto con claridad en las familias de los dioses, no es sólo porque los datos de la mitología son lacunares; es también porque los teólogos védicos, explotando quizás estos silencios y estas oscuridades, quisieron mostrar que la identidad de un dios no se puede definir con los mismos criterios que la identidad de un mortal. Por otra parte, es necesario observar que este flujo concerniente a la filiación se vuelve a encontrar, en cierto modo, en la alianza: algunos dioses tienen una esposa; aunque para el rito, hay una masa indiferenciada de "esposas de dioses".[7]

Suele ocurrir, sin embargo, que los lazos de parentesco entre los dioses estén destacados; pero frecuentemente, es para poner en evidencia un incesto: el que Prajāpati intentó cometer con su hija la Au-

[4] Sobre *Tanūnapāt*, véase C. Malamoud, *Cuire le monde...*, París, La Découverte, 1989, pp. 229-231.

[5] Sobre Prajāpati y Agni, véase S. Lévi, *La Doctrine du sacrifice...*, París, PUF, 1966, p. 28.

[6] Sobre las paradojas de parentesco entre los dioses védicos, véase A. Bergaigne, *La Religion védique...*, París, Vieweg, 1878, I, p. 35.

[7] Las "esposas de los dioses" son conocidas por el rito del *patnīsamyajña*, serie de cuatro ofrendas en las ceremonias de la Luna Nueva y la Luna Llena, cuyos destinatarios son los dioses Soma, Tvaṣṭṛ, Agni y el grupo de los *patnī*, "esposos" (cf. L. Renou, *Vocabulaire du rituel védique*, París, Klincksieck, 1954, p. 89; H. Krick, *Das Ritual...*, Viena, Verlag der Österreichischen, 1982, p. 432), y por el *patnivatagraha*, "libación a Agni acompañado por las esposas", en el sacrificio del *soma* (cf. W. Caland y V. Henry, *L'Agniṣṭoma*, París, Leroux, 1907, t. II, p. 366).

rora (o la Palabra);[8] el que Tvaṣṭṛ cometió efectivamente, en secreto, con su hija Saraṇyū (ṚS V 42,13).

En algunas ocasiones se cita la relación hermano-hermana entre los dioses: cuando Prajāpati se apodera de su hija, los dioses se escandalizan ante la pasión que su padre común manifiesta por su hija.

Pero esta relación hermano-hermana está representada, sobre todo, por una pareja famosa, Yama, el "gemelo", y su hermana gemela Yamī. Se trata de un caso límite. Yama y Yamī son hermano y hermana en sentido superlativo. Lo que se dice en los textos al respecto concierne tanto a este mismo carácter de gemelo, como a la relación entre hermanos de sexo opuesto. Yama y Yamī son hermano y hermana, y además, son gemelos. O, son gemelos, pero también son niño y niña.

Pero ahora querría remarcar una importante diferencia entre este hermano y esta hermana: el mito de Yamī, la hermana, se reduce a la historia de sus relaciones con su hermano. Ella sólo existe para, o al menos, con su hermano. Yama, por el contrario, ocupa sin Yamī un lugar propio en el panteón: hay mitos, relatos de orígenes de ritos, donde aparece sin que sea mencionada la que hace de él lo que su nombre indica, un gemelo.

Más allá de Yama y Yamī, la relación hermano-hermana aparece rara y débilmente en los textos de la India antigua, ya se trate de textos religiosos o literarios, o de esa enorme masa de textos que son a la vez lo uno y lo otro.

Ciertamente, entre los cientos de personajes de las epopeyas (así como de los relatos u obras de teatro basados en temas épicos), hay hermanos y hermanas. En el Veda encontramos numerosas menciones a Rudra y a su hermana Ambikā, asociados en el ritual, sin que constituyan objeto de alguna narración en la que estuvieran junto a los héroes (TS I 8,6; TB I 6,10,4; MS X 1,10; ĀpŚS VIII 18,10). Pero no se observa que se destaquen situaciones ejemplares donde lo que estuviera verdaderamente en juego fuera esta relación. Ni se observa que la India antigua haya proporcionado un tipo de hermano de hermana o de hermana de hermano. En vano se podría buscar en la tradición india, al menos en los textos sánscritos, a una hermana que pudiera compararse con Antígona o con Electra. En cambio, el tema de la relación entre los hermanos varones está bien ilustrado en el Veda por los relatos referidos a Agni y sus hermanos (TS II 6,6,1-6; VI 2,8,4;

[8] Cf. S. Lévi, *op. cit.*, p. 20 s.

Bṛhad-Devatā VI 61 *s.*);[9] en el *Mahābhārata*, por el grupo de los cinco Pāṇḍava; en el *Rāmāyaṇa*, por las figuras de Rāma y de su hermano menor Lakṣmaṇa. En esta misma Epopeya, la ferviente devoción de Lakṣmaṇa por Sītā es rica en enseñanzas sobre la relación ideal del joven muchacho con la esposa de su hermano mayor.

Es necesario aludir el caso de la pareja que, en la mitología de la India clásica, forman Kṛṣṇa y su hermana Subhadrā, esposa de Arjuna, pero también remarcar que aquí el tema principal es la amistad entre los dos cuñados; cuando se escenifica la relación entre el hermano y su hermana —especialmente en la procesión de Jagannāth— los devotos tienen la ocasión de bromear sobre su incestuosa intimidad.[10] Un ejemplo de otro orden está proporcionado por un texto literario, el *Harṣacarita* de Bāṇa, novela o, mejor, crónica novelesca del siglo VII de nuestra era: el héroe principal, Harṣa, se convierte al budismo, fue adoctrinado y precedido en esta conversión por su joven hermana que ha quedado viuda; la hermana, pues, toma la iniciativa, le abre a su hermano el camino de una transformación espiritual; pero esta misma hermana, cuando pide tomar las órdenes, recibe esta respuesta del superior del monasterio donde ha encontrado refugio: "lo que tu hermano ordene, eso es lo que debes obedecer, que veas en tu hermano, el mayor, a un hombre que te es querido, un ser pleno de virtudes o tu rey".[11] Surge, entonces, que el hermano (mayor) es el protector asignado a una mujer que ya no tiene padre ni esposo. Sin embargo, en el hinduismo, los textos prescriptivos que definen con más autoridad el estatus de la mujer, no hacen referencia al hermano. Así se observa en este famoso pasaje de Manu V 147 *s.*

> una mujer, esté en su infancia, en la juventud o en la edad madura, jamás debe actuar de manera independiente (*svātantryeṇa*), incluso dentro del hogar. Niña, debe estar bajo el poder de su padre; en su juventud, bajo el poder del que la ha desposado; después de muerto su marido, está bajo el poder de sus hijos. Una mujer nunca puede tener independencia (*svatantratā*).

[9] Agni y sus hermanos son la trasposición al plano del mito de la pluralidad de los fuegos sacrificiales: TS II 6,6,1-6; MS III 8,5 *sq*. Cf. H. Krick, *op. cit.*, p. 554.

[10] Cf. H. Kulke, *Jagannātha-Kult und Gajapati-Königtum*, Wiesbaden, Franz Steiner, 1979.

[11] Todo el capítulo (*ucchvāsa*) 8 de esta obra está dedicado a los vagabundeos y sufrimientos de Harṣa en busca de su hermana. El pasaje citado se encuentra en p. 458 de la edición Chowkhamba.

El comentario de Kullūka, citando a propósito de este pasaje de Manu otra recopilación de leyes, la de Narada, agrega: "Si no tiene hijos, ella debe depender de los padres de su marido, y si no los tiene, de los parientes próximos de su padre. Si no tiene parientes de ninguno de los dos lados, se considera al rey como su esposo." Va de suyo que los hermanos de una mujer están incluidos entre los parientes próximos de su padre. Sin embargo, es notable que el hermano como tal no esté expresamente mencionado en el enunciado de esta regla.

Contrastando con la pobreza e incluso el mutismo de los textos, la práctica del hinduismo, tal como se puede observar hoy en día (pero numerosos indicios muestran que, también en este punto, se trata de una antigua tradición que se perpetúa), hace de la relación hermano-hermana un elemento esencial del ritual. En una palabra: la hermana interviene de manera discreta, pero decisiva e indispensable en los ritos que jalonan la vida de su hermano.[12] Ella teje alrededor de su hermano lazos reales y simbólicos que crean sobre su persona límites protectores.

He aquí los principales datos. En el norte de la India, todos los años, durante la luna llena del mes *śrāvan* (julio-agosto), se celebra la fiesta de *rākhī-bandhan*: las hermanas visitan a sus hermanos y, con muestras de afecto, atan a sus muñecas un cordón de buen augurio (*mangalsūtra*). Gracias a los brahamanes del Gujrat de comienzos del siglo XX, en la descripción que de ellos hace S. Stevenson, tenemos una amplia versión de este rito:

> Ese día, los hermanos invitan a sus hermanas a estar con ellos y, para agradecerles, las hermanas les envían un hilo al que ataron una nuez de areca aplastada, manera simbólica de decir que ellas han aplastado y destruido todo lo que es problema y preocupación para su hermano. Cuando llega a la casa de su hermano, la hermana coloca un taburete cuadrado, bajo, sobre el que dispone tres hojas de pipal... Sobre la hoja de la derecha, coloca tantos hilos como hermanos tenga... el hermano le hace regalos a su hermana: dinero, tela, una blusa... después de la comida los objetos se retiran del taburete y se llevan hasta el árbol pipal más próximo: uno de los hilos se ata al árbol, y los otros se anudan a la muñeca de los hermanos.[13]

[12] Sobre la relación hermano-hermana en el sistema de parentesco del norte de la India, sobre la noción de "meta-carnalidad" y, más generalmente, sobre la imbricación entre el parentesco y el ritual, véase R. Jamous, *La relation frère-soeur*, París, Éditions de l'EHESS, 1991.

[13] S. Stevenson, *The rites of the twice-born*, Londres, Oxford University Press, 1920, p. 304.

Indudablemente hay que entender que la hermana dispuso sobre el taburete tantos hilos como hermanos tiene más uno; y también que es la hermana la que ata ella misma los hilos a la muñeca de sus hermanos. En la exposición de S. Stevenson todo ocurre como si en la ceremonia descrita hubiera una hermana y varios hermanos.

Este rito da lugar, de parte de los que lo practican, a diversas interpretaciones que, además, pueden superponerse, pero no deben ocultar el hecho elemental y fundamental: al poner el cordón en la muñeca de un hombre, una mujer manifiesta que este hombre es, para ella, un hermano; este gesto puede incluso significar que un hombre y una mujer se convierten mutuamente en hermanos adoptivos, hermano y hermana según el *dharma* (*dharm-bhāī, dharm-bahin*): es decir, que entre ellos queda excluida toda posibilidad de matrimonio, y más aún, que se les permite una verdadera familiaridad, de juegos y bromas, ya que en este caso la intimidad no sería el preludio de relaciones conyugales. Barrera contra el incesto, el *rākhī-bandhan* es también la pantalla protectora que vuelve inofensiva la ternura.[14] Otro rasgo notable es que, hacia la mitad de la jornada, el hermano da a su hermana una comida, dinero y vestimentas. Son ésos los presentes típicos que se le hacen al sacerdote para retribuir sus servicios rituales. Se puede inducir que, recíprocamente, cuando aparece esta forma de don en el marco de una ceremonia, es el signo de que el destinatario de este don ha cumplido, para beneficio del donante, funciones de carácter sacerdotal. En efecto, no olvidemos que, si en relación con la prohibición de matrimonio que simboliza el límite impuesto por el cordón, el hermano y la hermana ocupan posiciones simétricas, todos los otros elementos de la ceremonia traducen una asimetría entre los dos participantes: es la hermana quien, con un gesto que sólo ella puede cumplir, ejecuta un rito destinado a producir en su hermano efectos benéficos, visibles e invisibles. Lo que el hermano da no es del mismo orden: sin duda el rito sería incompleto y, en consecuencia, inoperante, si el servicio de la hermana no fuera retribuido; pero para la que los recibe, estos bienes dados por el hermano sólo tienen el valor de su utilidad intrínseca. Ésa es exactamente la asimetría sobre la cual, en el brahmanismo, se construye la relación entre el sacrificante y los oficiantes.[15]

[14] G. M. Carstairs, *The twice-born*, Londres, The Hogarth Press, 1970, p. 71.

[15] Sobre el tema de los honorarios rituales, véase C. Malamoud, "Terminer le sacrifice", Biardeau y Malamoud, *Le sacrifice dans l'Inde ancienne*, París, PUF, 1976, pp. 154-204.

Al salir de la infancia, lo hemos visto anteriormente, el joven recibe, si pertenece a una de las tres primeras clases de la sociedad brahmánica, una iniciación (*upanayana*) que hace de él un "dos veces nacido", el segundo nacimiento le es conferido por las palabras védicas que le enseña un maestro; comienza entonces un período más o menos largo de aprendizaje del Veda. La ceremonia de iniciación incluye que el maestro ponga a su alumno un cordón sacrificial (*yajñopavīta*). De ahora en adelante, el "dos veces nacido" lo llevará en forma permanente (la manera de llevarlo varía según las circunstancias rituales: en la vida cotidiana y los cultos a los dioses, el cordón se apoya sobre el hombro izquierdo y pasa por debajo del brazo derecho; en los ritos funerarios y los cultos a los ancestros, se apoya sobre el hombro derecho y pasa por debajo del brazo izquierdo). A partir del momento en que se le ha impuesto este cordón, símbolo visible de su segundo nacimiento, el muchacho pertenece efectivamente a la casta de sus padres y adquiere su plena personalidad ritual. Los textos del brahmanismo proporcionan amplios datos sobre el asunto del cordón: el número de hebras con que está hecho y los nudos que tiene, pero no dicen por qué mano debe ser hilado ni tampoco, y este silencio es sorprendente, dan alguna explicación sobre el hecho de que el signo del segundo nacimiento sea un cordón que rodea permanentemente el torso del iniciado.[16] Canciones populares del norte de la India en dialecto *bhojpuri*, nos aclaran sobre el primer punto: el *janeau* (forma que toma en las hablas hindi el sánscrito *yajñopavīta*) no se compraba sino que lo hilaban en su casa las hermanas del muchacho.[17] En cuanto al segundo punto, conformémonos con señalar que el cordón, que es una curva cerrada, de ningún modo sugiere por su forma, una relación entre el que lo lleva y algún punto de anclaje exterior, a la manera, por ejemplo, de un cordón umbilical, sino más bien es un circuito cerrado, una línea que circunscribe al cuerpo salido de este segundo nacimiento.

La hermana también interviene en los ritos de casamiento de su hermano.[18] Al respecto vamos a tender algunos lazos, aunque es pa-

[16] Cf. C. Malamoud, *Le Svādhyāya*..., París, E. de Boccard, 1977, pp.135 s.; J. Gonda, *Vedic ritual*..., Leyde, E. J. Brill, 1980, pp. 153 s.

[17] Véase C. Champion y R. Garcia, *Littérature orale villageoise de l'Inde du Nord*, París, Éd. de l'École française d'Extrême-Orient, 1989, p. 260.

[18] Sobre el papel de la hermana en la ceremonia de casamiento de su hermano, R. Jamous, *op. cit.*, pp. 177-210.

ra deshacerlos. No se trata de un cordón con el que se apresa una parte del cuerpo del hermano, sino del nudo que ata juntos a los recién casados: después que se ha celebrado la ceremonia propiamente dicha en la casa de la muchacha, la pareja vuelve con la familia del esposo. Observa S. Stevenson, siempre a propósito de los brahmanes del Gujrat,

> el nudo que ataba la chalina del esposo al sari de su esposa, es deshecho, y del mismo modo se arranca el fruto que estaba anudado a su muñeca para protegerlo de los ataques de pasión, la esposa desanuda lo que estaba en la muñeca de su esposo y viceversa. Aunque la chalina y el sari son desatados por la hermana o la tía del esposo, que se hace pagar cinco rupias por este trabajo.[19]

Se trata, sobre todo, de cumplir los gestos que permiten salir del rito, más que de ejecutar un rito. No obstante, estos gestos son, en sí mismos, rituales; y lo que se le otorga a la hermana, al deshacer el nudo que ata a su hermano con la esposa, es la función sacerdotal, sin que, sin embargo, la unión simbolizada por este nudo sea en sí deshecha. El hermano vuelve a encontrar (así como su esposa, se entiende) la libertad de movimientos sin la cual la vida práctica sería imposible, pero a esta necesidad material se la obedece de tal manera que el flamante esposo pueda encerrarse en sus propios límites.

Vimos que la tarea de deshacer el nudo podía cumplirla también la tía del recién casado. La acción tiene lugar en la casa paterna y aquí se hace mención a la hermana del padre. En esto es igual a otros ritos de pasaje de los muchachos, y en cada caso también es la tía paterna quien hace lazos y nudos. ¿Se dirá que ésta es un sustituto de la hermana? Parece más apropiado considerarla en su situación de hermana en relación con el padre del joven. En otras palabras, la hermana pone al hermano en la posición de cumplir las obligaciones rituales de un padre hacia su joven hijo: si, como nos exigen los textos, aplicamos el esquema de los sacrificios a los ritos de pasaje, comprobamos que aquí el padre está en el lugar del sacrificante y que la hermana ejerce su función sacerdotal al actuar sobre su sobrino en beneficio de su hermano. Así, vemos a la tía paterna del recién nacido intervenir en el rito de otorgar el nombre (*nāmakaraṇa*): es ella quien vela para que el nombre sea elegido correctamente y la que anuda hilos

[19] S. Stevenson, *op. cit.*, p. 103.

de seda o de algodón en las muñecas y en los tobillos del bebé, alrededor de su cintura y también a su cuna.[20] Para la primera toma de alimento sólido (*annaprāśana*) se le da a lamer al bebé una mezcla de leche, azúcar y arroz colocada en un recipiente de oro o plata: este objeto se pasa en seguida a la tía paterna.[21]

Lo repito: este papel de la hermana en los ritos que estructuran la vida y, me parece, la persona misma del hermano, sólo lo conocemos por la observación de las prácticas. Los textos canónicos del brahmanismo (especialmente los Kalpa-Sūtra) nos instruyen abundantemente y con precisión sobre los ritos de pasaje, literalmente, los "perfeccionamientos" (*saṃskāra*)[22] que acabo de mencionar, pero no hacen ninguna alusión a las hermanas.

Por el contrario, si dejamos de lado la literatura puramente prescriptiva y nos remontamos a los textos más antiguos de la India, a saber, el corpus védico, encontramos fórmulas de himnos y de plegarias, esbozos y síntesis de mitos, bosquejos de metáforas poéticas, que nos permiten construir la imagen de una hermana que, por los lazos que les obsequia o les impone a los hombres, dibuja los límites que definen su persona y, por eso mismo, hacen a ésta continua y coherente. La diferencia entre lo que los textos nos dejan entrever y las enseñanzas que podemos extraer de los ritos, tal como se los estudia hoy en día sobre el terreno mismo, es que en este último caso se tiene una situación con una hermana que está en relación con su propio hermano, mientras que en el caso del Veda estamos en presencia de figuras designadas como "la hermana" de los dioses o de los *ṛṣi* (los "videntes" que han tenido la revelación del Veda).

Hermana y lazo: hay al menos un texto, un poema del Atharva-Veda, donde esta asociación es tan estrecha que, mediante el juego de una metáfora, se convierte en una identificación. Un *brahmacārin*, "estudiante brahmánico", menciona, ya sea hablando de él, ya sea dirigiéndose a él, al cinturón (*mekhalā*) con el que está revestido quien, de ahora en adelante, se dedicará al estudio, al servicio de su maestro, y también, a la continencia sexual:

[20] S. Stevenson, *op. cit.*, p. 13 s.

[21] S. Stevenson, *op. cit.*, p. 19.

[22] Sobre los *saṃskāra* véase especialmente J. Gonda, *op. cit.*, pp. 365-397 (bibliografía). Para un estudio en profundidad del sentido que tiene el término *saṃskāra* en los textos especulativos del hinduismo y del budismo, véase L. Kapani, *La notion de saṃskāra*, París, E. de Boccard, Collège de France, 1992-1993.

Eres el arma de los videntes, oh cinturón... eres [como] la hija de la Creencia, nacida del fervor ascético, *hermana de los videntes* que multiplican los seres... a este hombre [el alumno], con el misterio de la palabra védica, con el fervor de la ascesis, con la fatiga del trabajo ritual, le coso *este cinturón* (AS VI 133,3 *s.*).[23]

Después de la hermana de los videntes, tenemos una "hermana de los dioses".[24] Se llama Rākā, y es, de alguna manera, la diosa tutelar o el prototipo de las mujeres que, en el mundo de los humanos, tienen la categoría de hermana. Aparece en un tratado sobre sacrificio (AitB III 37) donde se dice que, en cierta fase de la ofrenda de *soma* (el segundo prensado de la tarde), hay que recitar una serie de estrofas, que juntas, constituyen el *āgnimārutaśastra*).[25] Primero habrá una serie de estrofas extraídas de un himno que alaba a las esposas de los dioses (R̥S V 46,7 *s.*), y luego una sola estrofa para Rākā: la hermana a la que hay que celebrar en primer lugar, dice un crítico de la doctrina, es la que bebe primero. No, dice el que expone la doctrina correcta, la hermana, aunque haya salido de la misma matriz que el hermano (ella es *samānodaryā*), pasa después que la esposa, salida de una matriz diferente (*anyodaryā*); la hermana vive en dependencia de la esposa. En el sacrificio, la esposa del sacrificante permanece detrás (es decir, al oeste) del fuego llamado Agni Gārhapatya: éste es el dios del fuego que deposita el semen en la matriz de las esposas. (No se admite a las hermanas en el área de sacrificio del hermano.) Sin embargo, prosigue este mismo texto, hay que honrar también a las hermanas, recitando la estrofa *R̥k-Saṃhitā* II 32,4 que exalta a la hermana de los dioses, Rākā:

Te invoco, Rākā, digna de ser invocada, con un hermoso canto de alabanza. ¡Que nos escuche, la bienaventurada, que ella misma lo diga! ¡Que cosa su obra con una aguja que no se rompa! ¡Que nos dé [por hijo] a un héroe que valga por cien, un héroe digno de ser celebrado!

¿Qué es este trabajo de costura? El Brāhmaṇa lo explica:

[23] Sobre los cinturones y nudos en el ritual védico, véase J. Gonda, *op. cit.*, pp. 152 s.

[24] En el Veda, la Aurora es la diosa hermana por excelencia, pero ante todo es una hermana de hermana. Con la Noche, forma una "pareja de hermanas". Véase G. Dumézil, *Mythe et épopée*, París, Gallimard, 1973, p. 324.

[25] Cf. W. Caland y V. Henry, *op. cit.*, II, pp. 372-380.

> Rākā es la que cose la costura (*sevanī*) del hombre, la costura que está sobre su pene. Hijos varones le nazcan a quien la tiene.[26]

El comentario de Sāyaṇa agrega:

> Es la vena (*sirā*) que pasa por debajo del pene y llega justo hasta el ano: la diosa Rākā hace que esta vena esté cosida sólidamente.

Lo que esta hermana divina[27] hace en el sexo de los hombres mortales nos aclara el sentido de lo que las hermanas humanas hacen con sus hermanos cuando los rodean con lazos: la hermana impide que su hermano se derrame, y especialmente, que se derrame su energía viril; le hace las costuras corporales o rituales que necesita para recorrer el camino de la vida (y para que su semen se expanda solamente en los receptáculos apropiados).

Los caminos de la vida son, en principio, los caminos del rito de sacrificio. El hombre se dedica a ellos preparado y guiado por su hermana: "El poeta pone en movimiento para ti, Indra, este canto de alabanza... que, *como una hermana* (*jāmīm iva*) haga que tus pasos avancen hacia el sacrificio" (R̥S VIII 12,31). Y lo que da a entender la siguiente estrofa, por lo demás muy misteriosa, es que la tarea de la hermana es iluminarle a su hermano los caminos del rito (*adhvara*): "Las madres van por los caminos (*adhvabhis*), *ellas, que son las hermanas* de quienes hacen los sacrificios (*jāmayo adhvarīyatām*)" (AS I 4,1).

Observamos también que a otra "hermana de los dioses" llamada Silācī o Arundhatī, se la conoce por el talento que tiene para reparar fracturas y curar heridas. La mitología y la medicina combinadas presentan a esta divinidad como la personificación de una planta que "trepa a los árboles" (AS V 5,1 y 3): "Los rastros de resina que deja, corren sobre la corteza como tallos de lianas, con los que se los puede comparar".[28] De nuevo aquí se ve trabajando con lazos y argamasa a una "hermana".

[26] *Rākā ha va etaṃ puruṣasya sevanīṃ sīyati yaiṣā śiśn'edhi. Pumāṃso 'sya putrā jāyante ya evaṃ veda.*

[27] Sobre el sentido de *sirā* en la anatomía según el Ayur-Veda, "vaso", "conducto tubular", véase D. Wujastyk, *The roots of Ayurveda*, Penguin Books India, 2001, pp. 290-294 y *passim*.

[28] Cf. J. Filliozat, *La doctrine classique de la médicine indienne*, París, Imprimerie nationale, 1949, p. 110; K. G. Zysk, *Religious healing in the Veda*, Filadelfia, 1985, pp. 75, 98, 202 s.

Coser a su hermano, hacer de su hermano un ser "bien atado", protegido y reforzado por los límites que lo definen, es para la hermana, ante todo, trazar las fronteras del incesto y marcar que, por más próxima que esté de su hermano, por más atrayente que se muestre, ella en sí está más allá de esta frontera. Oficia para su hermano: es la que no puede ser para él una esposa.

En sánscrito védico, un término usual para "hermana", junto al de *svasṛ̥*, es *jāmī*: sustantivado y fijado en el género femenino, es el adjetivo que significa literalmente "consanguíneo". Ser *jāmi* es que no se puede ser un *mithuna*, un "compañero sexual". Este último término también puede tener el sentido de "pareja en acoplamiento": ser *jāmi*, en este caso, se define como aquel con el cual no se puede formar un *mithuna*.[29] Así, cuando dos *jāmi* se unen o intentan unirse, se sienten culpables de incesto. Es muy importante señalar que la persona *jāmi* por excelencia es la hermana. No es que la unión con la madre o la hija sea menos grave. Al contrario, estas transgresiones son tan abominables que es mejor no pensarlas.[30] Pero pareciera que unirse con la hermana es una tentación constante y, por lo tanto, es necesario que la misma palabra hermana sea una permanente referencia de lo prohibido. El Veda nos muestra por lo menos un texto (R̥S V 19,4), bastante oscuro, es verdad, que a modo de negación evoca la dulzura de la leche, novedosamente tratada (*dugdham*) a propósito del acto amoroso (*kāmyam*) entre dos *jāmi*, un hermano y una hermana. Se trata de describir poéticamente el fuego que brota, como el esperma, al frotar dos maderas: su unión es un acto *ajami*, reservado a los no *jāmi*, pero que ocurre entre dos *jāmi* (*ajāmi jāmyoḥ sacā*). Otro himno nos muestra al jugo del *soma* penetrar a su hermana (*jāmi*) la leche y envolver-

[29] Cf. L. Renou, *Études sur le vocabulaire du R̥g-veda*, Pondichéry, Institut française d'indologie, 1958, pp. 46-50; y *Études védiques et pâninéenes*, París, E. de Boccard, 1958, t. IV, p. 57 s. El término *yâmi* no tiene ningún parentesco etimológico con *yama*, *Yamī*.

[30] Cf. J. Brough, *The early brahmanical system*..., Cambridge University Press, 1953, XIV. Nómina de las formas del incesto en *Arthaśāstra* IV 13,30. Nómina de las mujeres con las que un hombre no puede unirse bajo pena de cometer incesto en *Viṣṇu-Purāṇa* XXXIV 1. De lo que los textos hablan con más facilidad, y pasa por ser el incesto máximo y el pecado más grave, pasible de los castigos más terribles, aunque concierne a un parentesco simbólico, es la unión con la esposa del propio maestro espiritual. Cf. Manu XI, 104-107 y los pasajes paralelos citados por G. Bühler, *Manu-Smr̥ti*..., Oxford, 1886. Muchos comentadores antiguos (Kullūka respecto a Manu, etc.) interpretaron la palabra *guru* en la expresión que nombra este tipo de crimen, *gurutalpaga*, literalmente "el que va al lecho de su *guru*", con el significado de "padre": se la trasladaría al parentesco fisiológico; esta interpretación de *guru* es muy forzada y poco verosímil.

la cuando se mezcla con ella: es, dice el poeta, como un hijo en los brazos de su madre y como un amante (*jara*) que corre hacia la mujer que ama (R̥S IX 101,14).

La *jāmitva*, "consanguinidad" concebida ante todo como riesgo de incesto, es por extensión un rasgo característico de todo lo que es redundante, excesivo, pesada repetición de lo mismo. En esta acepción el término *jāmitva*, acompañado por su antónimo *ajāmitva*, se usa frecuentemente en la prosa de los tratados védicos sobre sacrificio: la excesiva semejanza entre dos actos o dos enunciados consecutivos, o entre dos objetos rituales combinados, es una falta; una falta por exceso, si se puede decir algo así, condenable por las mismas razones y con las mismas palabras que el incesto entre las personas.[31] En efecto, es un tema recurrente en los tratados sobre sacrificios: en cada etapa del rito aparecen elementos que es necesario combinar en *mithuna*, en apareamiento; solamente con esta condición el rito es fecundo.[32] Conviene evitar, pues, asociaciones de objetos o de palabras idénticas o demasiado semejantes. Se tratará de introducir, cada vez que sea necesario, una o muchas diferencias, "en vista del *ajāmitva*, por la no-redundancia, en vista del *mithunatva*, el apareamiento [correcto y fecundo]". Es por eso que en un rito donde se trata de consagrar simultáneamente al agua, de la que se dice que en esa circunstancia representa a "todas las divinidades", y a la manteca clarificada, forma corporal de todos los dioses, es necesario pronunciar una fórmula en prosa (*yajus*); pero esta prosa, para la manteca, hay que murmurarla, y para el agua, hay que recitar en voz alta una fórmula poética rimada (*chandas*) (cf. TB III 3,4,6). Estas prescripciones, muchas veces repetidas, sólo tienen sentido si se reconoce a los diferentes elementos del rito caracteres sexuales: de hecho, estos caracteres le son conferidos, en principio, por el género gramatical del sustantivo que los nombran. Estas prescripciones suponen también —aunque tales consideraciones se hace explícitas en una época más tardía, entre los filósofos ritualistas del Mīmāṃsā— que se determinen las secuencias en cuyo interior se proscribe la repetición —del mismo modo que, en el dominio del parentesco, hay que circunscribir la red en cuyo interior la unión se con-

[31] Cf. *Mīmāṃsā-koṣa*, vol. III, p. 177, s.v. *jāmi*: "en la realización sin interrupción de lo que es semejante, de lo que se define por la palabra *jāmi*, que significa 'proveniente de un mismo vientre' (*sodarya*), falta algo: eso produce lo parecido de espíritu".

[32] Cf. C. Malamoud, "Spéculations indiennes sur le sexe du sacrifice", *L'Écrit du temps*, n° 16, París, 1987, pp. 11 ss.

vierte en un incesto. Por más fuerte que sea el deseo de evitar la redundancia, no se puede anular el carácter fuertemente repetitivo del rito. Pero lo prohibido no afecta la necesidad de repetir la prohibición de la repetición: porque, en realidad, estas fórmulas constantemente reiteradas pertenecen al discurso sobre el rito, no al rito mismo.

Incesto esbozado, que evita la justicia, o secretamente realizado: el mito indio del origen de los mortales gira en torno de esta incertidumbre. La forma más desarrollada la proporciona el himno X 10 del Ṛg-Veda:[33] entre Yama y su hermana gemela Yamī se produce un diálogo de catorce estrofas alternadas, las impares las dice Yamī, las pares, Yama. Es decir que es Yamī quien va tomando la iniciativa.

Cuando comienza el diálogo, Yamī no está marcada por esta vocación por la muerte que caracteriza a su hermano, pero desea ardientemente que su hermano tenga descendencia. Las generaciones de los hombres (los futuros súbditos de Yama) sólo llegarán a la existencia si el primer mortal se une a una compañera que le sea homogénea: por ello, que Yama se una a Yamī. Ella desea esta unión porque la creación de la raza humana es la obra común que los dioses le han asignado a ambos. "Es justamente lo que quieren los Inmortales: una descendencia para el único mortal. Que tu espíritu se acomode al nuestro: penetra como esposo el cuerpo de tu mujer" (estrofa 3).

Prestándose a este proyecto, Yama, que es el hermano pero también el compañero, el socio (*sakhi*) de Yamī, mostrará que está dispuesto a hacer realidad su asociación (*sakhya*). Además, y sobre todo, Yamī desea a Yama, y sus exhortaciones, sus razonamientos, son también indirectas: "El amor por Yama ha invadido a Yamī, dice ella [hablando de sí misma después que su compañero, en tercera persona sobre adónde se llega cuando invade la pasión]: quiero tenderme con él sobre el mismo lecho. Como una mujer con su esposo, quiero liberar mi cuerpo. Rodemos y agitémonos, como las dos ruedas ruedan y sacuden al carro" (estrofa 7). Y más adelante: "Yamī, durante las noches, y los días, te adoraba" (estrofa 9). "Transportada por el amor, repito susurrando: mezcla tu cuerpo con mi cuerpo" (estrofa 11). Lo que Yama comprende a su manera: eres núbil, hablas como lo haces porque

[33] El himno ṚS X fue objeto de un gran número de traducciones y de comentarios. En francés citamos a L. Renou, *Hymnes spéculatifs du Veda*, París, Gallimard, 1956, pp. 55-57; *Études védiques…*, *op. cit.*, t. XVI, p. 122; en alemán, U. Schneider, "Yama und Yamī", *Indo-Iranian Journal*, vol. X; en inglés, R. Goldman, "Mortal Man and Inmortal Woman", *Journal of the Oriental Institute*, Baroda, 1969, pp. 273-303.

necesitas al sexo masculino. Pero debes pensar el placer del amor con otro que no sea yo (estrofas 8, 10 y 12). Yama, en efecto, esquiva la situación. Cada una de sus réplicas es un rechazo. Lo más frecuente es que Yama, para retrucar, retome las palabras que Yamī acaba de pronunciar. La concatenación obtenida es una característica de esta especie de poema dialogado, pero es también un procedimiento para polemizar. Para expresarle a Yamī que no quiere tomar su cuerpo, Yama emplea sus palabras y se las devuelve, negadas o rechazadas. "Tu amigo no quiere esta prueba de amistad..." (estrofa 2); "con otro que no sea yo ruede tu cuerpo y se sacuda como lo hacen las ruedas del carro" (estrofa 8). "Ah, no, no quiero mezclar mi cuerpo con tu cuerpo" (estrofa 12). Las dos últimas estrofas convergen independientes. Yamī renuncia, descorazonada, y Yama la aprueba. "No hemos sabido encontrar tu pensamiento ni tu corazón, dice Yamī. Otra, sin duda, te enlazará, como la cincha enlaza al caballo con atelaje, como la liana enlaza al árbol" (estrofa 13). Y Yama: "Es otro, Yamī, quien te habrá de enlazar; es otro quien te enlazará como la liana al árbol. Busca conquistar su pensamiento; y que él busque conquistar el tuyo. ¡Encuentra una alianza feliz! (*kr̥ṇuṣva saṃvidaṃ subhadrām*)" (estrofa 14).

Cada uno de los interlocutores pretende hablar en interés de los dioses, o al menos, para conformar la voluntad de los dioses. Pero es evidente que no son los mismos dioses y que no es la misma forma de voluntad. Yamī invoca a los Inmortales en general o bien a Tvaṣṭr̥, el "Hacedor", al que menciona calificándolo como "Incitador", Savitr̥, o incluso bajo el nombre de Viśvarūpa, el "dios de todas las formas"; en ningún caso se deben transgredir sus decisiones u oponerse a sus deseos (estrofa 5). Yama, por el contrario, teme a los espías de los dioses que circulan por todos lados sin cerrar los ojos (estrofa 8), y a los grandes dioses Mitra y Varuṇa, cuyas "instituciones" (*dhāman*) y reglas impuestas hay que respetar (estrofa 6). Ahora bien, la institución fundamental es que los consanguíneos (*jāmi*) no deben unirse. Y es en este punto donde se establece la querella. Tenemos el mismo origen, el mismo "ombligo", dice Yama, "ésa es nuestra consanguinidad suprema" (estrofa 4). "Juzgamos mal a aquel que se acuesta con su hermana" (estrofa 12). Si a pesar de eso, hacemos el amor juntos, actuaríamos como jamás lo hicimos, seríamos como el cuchicheo de palabras contrarias al orden cósmico, mientras que, en voz alta, como dioses, sólo decimos palabras verdaderas (estrofa 4).

A la rigidez de las instituciones, punto de apoyo de Yama, Yamī opone el dinamismo vital. El dios al que reclama, el "Hacedor", tiene por dominio la forma corporal de los seres. Vela para que los individuos estén conformes con su especie (estrofa 5). Además, la pareja sexual (*mithuna*) que formarían Yama y Yamī, estaría ligada por una relación de parentesco entre afines (*bandhu*) semejante a la que se puede ver en la pareja Cielo-Tierra (estrofa 9). Cielo y Tierra dan el ejemplo, ¡y qué ejemplo! En este léxico y en este sistema mitológico, en efecto, la Tierra es siempre femenina y el Cielo más a menudo femenino que masculino. Ahora bien, ellos son no sólo amantes sino marido y mujer, y parientes. La línea de conducta de Yamī es deslizar siempre en su discurso expresiones que califican de matrimonio, en el sentido social y religioso del término, la unión a la que invita a Yama: se trata, cuando se procrea, menos de darse a sí mismo progenie, que de dar a su padre un nieto (estrofa 1). Cuando estaban en el seno materno, Yama y Yamī ya eran *dampati*, una pareja de esposos "dueños de casa", habilitados para celebrar juntos los ritos. Por último, supremo argumento de Yamī, si al hacer juntos el amor transgreden verdaderamente las prohibiciones, y bueno, ella asume el pecado (estrofa 9). Porque, al permanecer solamente como "hermano" y "hermana", se condenan, dice Yamī, a encontrarse "sin protector" ante la destrucción (la *Nirṛti*, el "desarreglo", estrofa 11), esto es: sin nadie que asegure la perennidad de los seres a través de la sucesión de generaciones.

En el momento en que Yama y Yamī se dedican a este duelo, la humanidad todavía no existe. Pero las normas que regularán la vida de los hombres y las obligaciones inherentes al hecho de ser mortal son percibidas por la visión anticipadora de los gemelos que, se diría, ya tuvieron la experiencia de ello. La dificultad es que, para dar nacimiento a quienes estarán sujetos a la norma, Yama y Yamī primero deben violar esta norma. Es como si, desde ahora, fueran hombres, como si su propia inmortalidad no fuera inherente a su naturaleza de dioses sino que dependiera de la piedad de sus descendientes. En este poema, Yama y Yamī, como lo harán los hombres de mañana, se refieren a un tiempo que transcurre y que hace que se lo transcurra: el sabio piensa antes y se cuida de no olvidar a la generación que lo ha precedido (estrofa 1); su presente está entre dos planos, tiene un pasado y va a pasar. Yama menciona con pavor la idea de hacer ahora (*nūnam*, estrofa 4) lo que no había hecho antes (*purā*) y, en un profético desengaño, empieza a imaginar las generaciones sucesivas que vendrán más tarde y que, quizá, considerarán como lícito lo que hoy es a sus ojos absolutamente condenable: que dos seres *jāmi* cometan actos *ajāmi* (estrofa 10).

La humanidad, sin embargo, existe. El pueblo de los mortales rinde culto al pueblo de los muertos y reconoce en Yama a la figura de quien tuvo que pasar primero por la muerte. Yama fundó la condición humana. Reina sobre los hombres aquí en la tierra y en el más allá. Por lo tanto, ¿es su ancestro? No se sabe. Yama y Yamī se han separado sin haber realizado el acto que debía dar nacimiento a la raza humana. Pero ningún otro relato sustituye a éste: la humanidad es el fruto de un incesto que no ocurrió o que, si al fin de cuentas fue realizado, se convirtió en un acontecimiento sin huellas.

En la discusión que la enfrenta a Yama, Yamī emplea, como se ha visto, un argumento que no se tuvo en cuenta y de gran importancia: es cierto que son *jāmi* uno respecto del otro, pero el hecho de ser gemelos, lejos de convertirse en un lazo de consanguinidad que los une, como se podría creer, borra los límites entre ellos. Salieron de la misma matriz, pero en esta matriz estaban acostados lado a lado, signo, según Yamī, de que están destinados a acostarse juntos una vez nacidos (estrofa 5). El ejemplo de *mithuna* entre *jāmi* constituido por el Cielo y la Tierra, sale a la luz incluso en otro himno (III 54,7): el Cielo y la Tierra (femeninos) son "dos jóvenes hermanas" que, sin embargo, "tienen nombres que las designan como compañeras sexuales" (*ād u bruvāte mithunāni nāma*). Del mismo modo, en R̥S I 159,4, Cielo y Tierra son dos padres divinos, "dos hermanas de la misma matriz (*jāmī sayonī*), del mismo hábitat (*samokasā*), y *mithuna* una para la otra.[34]

Asistimos aquí a una inversión que ciertamente no tiene ningún efecto en la vida real ni en el plano de la ley, pero de la cual se ven manifestaciones en el vocabulario y en los mitos: es el colmo de la hermandad, son dos gemelos del mismo sexo. Por ello, cuando se llega a este punto extremo, la definición de hermano carnal como aquel con quien es imposible formar pareja, queda abolido: la constelación de los Gemelos [Géminis] lleva el nombre de Mithuna, y en el panteón védico los gemelos masculinos llamados Aśvin, salidos de los mismos padres que Yama y Yamī bajo la forma equina, con la que se habían revestido provisoriamente, están, si no designados como *mithuna*, al menos estrechamente asociados a esta noción de apareamiento fecundo.

[34] Cf. L. Renou, *Études védiques...*, t. XIV, pp. 82, 92; e *ibid.*, t. XV, p. 92; H. Krick, *op. cit.*, pp. 544, 572.

Los dioses no sabían dónde encontrar la prosperidad. Ellos la vieron en el apareamiento fecundo. Pero no pudieron ponerse de acuerdo en este tema. Los Aśvin dijeron: "Ella es nuestra. No vengáis a reclamarla." Se fue, pues, solamente con los Aśvin. El hombre que quiere obtener prosperidad debe inmolar una vaca gemela destinada a los Aśvin. Recurre así a los Aśvin ofreciéndoles la parte que les pertenece como propia (TS II 1,9,4).

Con Yama y Yamī, gemelos de diferente sexo, estamos a medio camino: Yama insiste sobre el hecho de que son hermano y hermana, *jāmi*, y sostiene que por lo tanto no pueden unirse. Yama pone ante todo que son gemelos y que son un *mithuna* desde su vida intrauterina común.

En el mundo de los hombres, bajo el signo de Yama y Yamī, el segundo día de la quincena clara del mes de Karttika (octubre-noviembre), se celebra la fiesta llamada *yama-dvitīya* (el segundo [día] de Yama) o *bhrātṛ-dvitīya* (el segundo [día] de los hermanos), en hindi *bhāī-bīja*. Registrado ya en los Purāṇa y en la obra de Bhoja (siglo XI), hoy en día todavía está vigente en el norte de la India.[35] (El nombre mismo de esta fiesta incluso es un ejemplo de la importancia atribuida a la noción de "dos" y "segundo" en todo lo referente a Yama.) Esta fiesta consiste en que el hermano visite a su hermana (casada), quien lo recibe personalmente con muestras de honor y ternura; lo baña, lo masajea, le da de comer. El rito, que incluye la recitación de parte de los hermanos, de los nombres terribles de Yama y un culto a su escriba y a sus asesores, es la puesta en escena de un acto mitológico: Yamī, bajo la apariencia de las especies del río Yamunā, recibe a su hermano Yama que, por un día, pudo abandonar el reino de los muertos; además, ha dado descanso a sus súbditos; si tienen hermanas que los alberguen, tienen permiso para pasar ese día entre los vivos (y según la costumbre, se dice que ese día los prisioneros tienen algunas horas de libertad). El marido de la hermana y los niños no cumplen en estas circunstancias ningún papel: son el hermano y la hermana quienes se reencuentran, solos como Yama y Yamī; pero en la evocación de Yama y Yamī se conserva la ternura, el esbozo de *mithuna* realizado por los gemelos, no el rechazo que Yama opuso virtuosamente a su hermana Yamī.

[35] Cf. Stietencron, H. von, *Gaṅgā und Yamunā*, Wiesbaden, Otto Harrasowitz, 1972, p. 72 s.; S. Stevenson, *op. cit.*, p. 268.

Aunque esta fiesta es algo distinto de los ritos de pasaje que marcan el ciclo de la vida del hermano y requieren de la hermana servicios específicamente sacerdotales. Esta ceremonia es la conmemoración de un incesto irreal, sin prohibición ni fecundidad: ese día, en las regiones que rodean al Yamunā, los hermanos varones se bañan en las aguas de este río hermanal; mezclando su cuerpo con el cuerpo de su hermana o, al menos, con el cuerpo de la que fue su hermana gemela por excelencia, cerca de aquella con quien soñaron haber dormido bajo el ombligo de su madre, antes de despertar para nacer.

LA NOCHE DE LOS TIEMPOS

EL PASO DE LOS DÍAS SEGÚN UN RITO Y UN MITO DE LA ANTIGUA INDIA

"A todas las personas que somos y no seremos más. A todos los tiempos del verbo"

JEAN TARDIEU, *Da capo*

Todos los días, al alba y al crepúsculo, el hombre védico, es decir, el hombre a quien se dirigen las prescripciones contenidas en el Veda, debe verter en el fuego del sacrificio una oblación de leche o manteca clarificada. Este rito, llamado *agnihotra*, bastante simple y breve de ejecutar, sin embargo pertenece al culto solemne, del cual es, en cierto modo, una forma reducida.[1] Los tratados sobre sacrificio le dedican extensas explicaciones y hasta controversias. Las diferentes "ramas" o tradiciones textuales en las que se ramifica el Veda difieren sobre el momento exacto en que conviene realizar esta ceremonia: ¿qué se debe entender estrictamente por "alba" y "por crepúsculo"? Del mismo modo, ¿el alba es el fin del día o el comienzo de la noche? Y en general, los momentos límite y de pasaje, ¿deben considerarse como el fin del periodo que los precede o el comienzo del que los sigue? En el *agnihotra*, la ceremonia de la mañana y la de la tarde son dos mitades de un mismo rito.[2] Pero la ceremonia de la mañana, que forma pareja[3] con la de la tarde precedente, ¿pertenece a la misma porción de tiempo que incluye la (mitad de) la ceremonia de la tarde siguiente?

El alcance de estas interrogaciones sobre los momentos y su disposición se percibe mejor si se tienen en cuenta las divinidades que se honran con este rito. Se lo llama *agnihotra* porque consiste en una ofrenda de sacrificio (*hotra*) en la cual el fuego, el dios Fuego (*agni*) es a la vez receptáculo y destinatario. Ahora bien, en los textos que jus-

[1] Sobre este rito, véase P. Dumont, *Description de l'agnihotra dans le rituel védique d'après les Śrauta-Sûtras*, Baltimore, The Johns Hopkins Press, 1939, y H. Bodewitz, *The Daily Evening and Morning Offering (Agnihotra)*, Leyde, E. J. Brill, 1976. Véase también J. Gonda, *Vedic Ritual. The Non Solemn Rites*, Leyde, E. J. Brill, 1980, pp. 415-417.

[2] Cf. P. Dumont, *op. cit.*, p. VII.

[3] Estas dos partes forman una pareja (*mithuna*) porque entre ellas hay diferencias que se asimilan a una diferencia sexual. Por esto la reiteración no es pura y simple repetición, redundancia estéril (*jāmi*).

tifican esta parte de la liturgia védica, al Fuego se lo designa como la figura nocturna del Sol. Más precisamente, el fuego es el embrión del sol durante esta fase de gestación que es la noche. Así como en los cuadrúpedos y los humanos el embrión está envuelto en líquidos y membranas que lo protegen, del mismo modo el sol en gestación, bajo la forma del fuego de sacrificio, reposa, rodeado de tinieblas, en la matriz de la noche (ŚB II 3,1,13).[4] El rito del *agnihotra*, según los teólogos védicos, está destinado a manifestar esta relación entre el Fuego y el Sol; son distintos y, sin embargo, son el mismo ser. En la ceremonia de la tarde, es al fuego propiamente dicho, al sol embrionario, al que se dirige la ofrenda. En la ceremonia de la mañana, el destinatario es el sol diurno, el sol ya nacido, de ahora en adelante separado del fuego al que se lo había asimilado y en el que estaba escondido o acurrucado. Si, por lo tanto, se decide que cada una de las dos fases de la ceremonia tiene lugar en una parte distinta, productos éstas de un corte radical (demarcación que señalaría el pasaje de un día al día siguiente), es que se pone el acento en la diferencia entre estas dos divinidades consideradas como autónomas. Si, por el contrario, el *agnihotra* de la tarde y el de la mañana ocurren en el mismo lapso, un mismo periodo, la noche, a la que marcarían sus límites internos, es la unidad, la continuidad del Fuego-Sol lo que se destaca. Dado que en la antigua India no hay una convención comparable a la de nuestra medianoche, se considera que el día comienza cuando sale el sol: es necesario, entonces, decidir si el *agnihotra* de la mañana se ejecuta en un tiempo que ya es "mañana", en relación con el *agnihotra* de la noche precedente, o si "el día siguiente" comienza con el *agnihotra* de la mañana; y dando por supuesto, repitámoslo, que de todas maneras la ceremonia de la mañana forma pareja con la de la tarde precedente.

Según se adopte una u otra manera de ubicar el *agnihotra* en relación con los límites que separan el día de la jornada siguiente, los autores védicos recurren a diferentes imágenes. Los que quieren que la noche pertenezca a una unidad de tiempo bien distinta del periodo diurno que le sigue, dicen que el *agnihotra* de la mañana debe celebrarse después que salga el sol; así el día y la noche se distinguirán claramente. "El día y la noche son como las dos calles gracias a las cuales

[4] Nostalgia del sol que, cuando está en lo alto, quiere volver aquí abajo, y cuando está abajo, quiere remontar hacia lo alto, TS I 5,9,8. Cf. S. Lévi, *La doctrine du sacrifice dans les brāhmaṇas*, París, PUF, 1966.

se recorre el trayecto del año... Si se celebra el *agnihotra* de mañana, después que sale el sol, es como ir en un carro con dos ruedas, una para cada lado"; mientras que si fuera celebrado antes que el sol saliera, pertenecería a la noche, a la misma noche que el *agnihotra* nocturno, y estaríamos condenados a "viajar en un carro que no tiene más que una rueda, una de un solo lado" (AitB V 30). Los partidarios de la tesis contraria utilizan otra comparación: durante la noche, dicen, el Fuego y el Sol son como dos huéspedes que los hombres tendrían que recibir; cuando llega la mañana, uno de estos huéspedes se queda, es el Fuego; pero el otro, "se levanta" y se va, es el Sol; o como cuando se recibe a dos invitados, que es necesario homenajear a uno y a otro, y darles de comer a los dos, sin esperar que el que debe partir haya partido: en consecuencia, el *agnihotra* de la mañana debe ejecutarse justo antes de que el sol salga, parta; antes, pues, de que "el día siguiente" haya comenzado a ser "hoy" (TB II 1,2,9 y 12). A lo que se refuta que los huéspedes no son verdaderamente dos sino a partir del momento en que el sol "nació", se desprendió del fuego con el que se confunde mientras dura la noche, y que no se podría dar de comer a alguien que todavía no tuvo tiempo de tener hambre. Hacer ofrenda antes de que salga el sol es como amamantar a un niño o a un ternero que todavía no han nacido (AitB V 31).

Estos intercambios de argumentos o, mejor, de imágenes equivalentes a argumentos, implican que los periodos diurno y nocturno se perciben como dos fases contrastantes pero igualmente favorables al flujo temporal. Sin embargo, observamos que las caracterizaciones de la noche son, en estos textos, más abundantes y más complejas. Es que la noche en sí misma es intrínsecamente múltiple ("el día tiene una sola forma, la noche tiene muchas", se dice en *Kāṭhaka-Saṃhitā* XXVII 8),[5] más misteriosa, más diversa, más ambigua que su contrapartida diurna: la noche como matriz es tanto un enjambre de tinieblas protectoras, que son también lazos y trabas, como una sustancia untuosa y dulcemente brillante[6] en la cual todos los seres, al mismo

[5] La multiplicidad de los aspectos de la noche está ligada a su femineidad. Sobre la relación de lo femenino con lo plural en el pensamiento de la antigua India, véase Ch. Malamoud, "Spéculations indiennes sur le sexe du sacrifice", *L'Écrit du temps*, n° 16, París, 1987, p. 17 s.

[6] En sánscrito védico existe el término *aktu*, "unción" y un *aktu* que es uno de los numerosos nombres de la "noche". Los poetas juegan con esta homofonía. Cf. R̥S X 14,9 y L. Renou, *Études védiques et pāṇinéennes*, París, E de Boccard, 1967, t. XVI, p. 124.

tiempo, conocen el reposo, la postura acurrucada y el oscuro trabajo de crecer y producir las generaciones que nacerán mañana. En realidad, para los autores de los tratados sobre sacrificio, las instrucciones sobre el *agnihotra* son una ocasión para desarrollar especulaciones poéticas acerca de la noche, que es uno de los temas de los Himnos del antiguo Veda.[7]

Pero muchos pasajes de estos mismos textos proponen otra manera de actuar: lo mejor es ofrecer las oblaciones del *agnihotra* no más acá o más allá de la frontera que marca la separación de los días, sino en esta frontera misma:[8] el alba es el momento que coloca al disco solar que va a aparecer todo entero sobre el horizonte; simétricamente, el crepúsculo de la tarde es el momento que transcurre entre el instante en que el disco solar está como posado sobre el horizonte y aquel en que ha desaparecido completamente. Sin duda, la duración de estos dos instantes es muy breve para toda la ceremonia. Pero pueden ser, al menos, el centro de ella. De todas maneras, es una cuestión de principios más que de realización práctica. Si el nombre mismo de estos intervalos, *sandhyā*, significa "confluencia", los autores de nuestros textos los comparan con vados o diques que permiten, no saltar de la noche al día o del día hacia la noche, sino pasar entre esas dos masas líquidas que (aquí) son el día y la noche. O todavía más claramente: el día y la noche son los dos brazos de la muerte; estos brazos nos rodean y se cierran sobre nosotros; pero al alba y el crepúsculo son como dos intersticios por donde nos podemos liberar (ŚāṅkhB II 9).[9] Es decir: el hombre que celebra la oblación al Fuego mientras sale el sol y mientras éste se pone, y que por lo tanto, da cierta duración a estos momentos del día, escapa de la muerte hacia la que nos lleva la sucesión alternada de los días y las noches. (Aquí, nueva comparación: los días y las noches son como las huellas de los pasos, pie derecho, pie izquierdo, sobre un camino [JB I 5]. La oblación al Fuego, si está correctamente ejecutada, permite obtener este doble resultado: por ella

[7] Pequeña secuencia de poemas dedicados a la noche en AS XIX 47-50. El himno XIX 47 figura en L. Renou, *Anthologie sanskrite*, París, Payot, 1947, p. 27. La noche también es el tema del himno RS X 127, del cual Renou hizo una traducción y un comentario en el t. XV de sus *Études védiques et paninéennes*: L. Renou, *op. cit.*, 1966, t. XV, p. 137 *sq.*

[8] Sobre las diferentes maneras de determinar la duración del alba y del crepúsculo, cf. Malamoud, 1977, p. 142 s.

[9] Cf. Bodewitz, *op. cit.*, p. 44 s.

se hace que cada día tenga lugar esta gestación en el fuego y este nacimiento del sol; y el fiel es capaz de hacer que la muerte hacia la cual lo empuja inevitablemente el curso del tiempo así pautado, sea el comienzo de una inmortalidad.

Un importante rasgo del *agnihotra*, y sobre todo de la exégisis que hacen de él teólogos y estudiosos de los ritos, es que se observan, combinadas y finamente articuladas una sobre otra, dos concepciones del tiempo. Por una parte, la secuencia de los días y las noches, no indefinidamente repetidas sino reguladas de manera que constituyen el año, forma completa y verdaderamente inteligible que emerge de esta acumulación de elementos idénticos (ŚB II 3,3,18). Por otra parte, el tiempo como lo que funda (y tiene por fundamento) las nociones de antes y después, de pasado y de futuro, de ayer y de mañana: estructura temporal que es la de los seres vivientes, en primer lugar del hombre sacrificante (ŚB II 3,1,24), pero que se aplica también, de manera más inesperada, al rito en sí mismo; hay que saber, en efecto, que en la temporalidad del rito, el *agnihotra* de la noche es el esencial (*pūrva*), y que el *agnihotra* de la mañana, incluso cuando marca el comienzo del día, es "lo que sigue después" (*uttara*) (ŚB II 2,4,17).[10]

Observamos por último los datos basados en la mitología referentes a la creación de estas partes del tiempo. En los tiempos originarios, Prajāpati, el dios cosmogónico por excelencia, inventó el rito del *agnihotra* y lo celebró para establecer la distinción y la disposición del día y de la noche, y cuando los hombres actualmente ofrecen el *agnihotra*, conmemoran esta creación. Pero otras partes de los tratados védicos sobre sacrificio dan una versión directamente ritualista, podríamos decir, del mito de origen de la pareja o de la secuencia día-noche: en el comienzo, Prajāpati está solo en el universo, el universo es sólo para él; pero él ya tiene el deseo de "devenir múltiple". Tiene la visión de un procedimiento ritual que debe permitirle obtener lo que desea: es el rito del *atirātra*, término que designa, propiamente hablando, a un grupo de fórmulas (de textos del Veda) para recitar en el momento de una operación ritual "que dura una jornada y se prolonga hasta la noche siguiente" (tal es el sentido de esta palabra) y que constituye, en este caso, la primera etapa de una "sesión de sacrificio"; "realiza" (*āharat*) este rito y por este medio hace evidente, es decir, crea, esta

[10] La noche precede al día. Cf. A. Minard, *Trois énigmes sur les Cent Chemins*, t. II, París, E de Boccard, 1956, § 666d.

unidad de tiempo que es la secuencia día-noche (*ahorātra*) (PB IV 1,4). En esta versión de los acontecimientos, el dios cosmogónico, remarquémoslo, no inventa, no compone los textos que dan su nombre al rito: descubre que existen desde antes en un estado de cosas anterior a la creación. Y por la fuerza inherente a las palabras del relato de este acontecimiento hecho por el Veda, realiza esta parte del génesis. Esta fuerza se mantiene aquí por la vaga semejanza fónica entre las palabras clave *āharat*, "realiza", y *ahorātra*, "la secuencia del día y de la noche". Se dan, por lo tanto aquí (como a menudo en el Veda), las etapas de la creación de un elemento esencial del cosmos: el descubrimiento de un texto; la ejecución, por el dios que tuvo esta revelación, de un rito paradigmático caracterizado por la recitación de este texto; por último, la creación o la institución de un elemento del cosmos mediante el nombre que le está destinado, siendo este nombre mismo producto de su semejanza con palabras características de las dos etapas precedentes.

Entre los textos védicos que prescriben y glosan la ceremonia del *agnihotra*, encontramos inserto en su desarrollo, a título de paréntesis o de inciso, un breve relato que da a conocer otra versión del origen de la secuencia día-noche. Este relato se presenta bajo dos variantes: helas aquí.

Kāṭhaka-Saṃhitā VII 10.

Entonces existía sólo el día, no la noche. Yamī no olvidaba a su hermano muerto. Si se le preguntaba: "Yamī, ¿cuándo murió tu hermano?", ella simplemente decía: "Hoy mismo." Los dioses dijeron: "Es necesario terminar con esto." Creemos la noche. Y ellos crearon la noche...

Maitrāyaṇī-Saṃhitā I 5,12.

Yama murió. Los dioses hablaban para alejar a Yama de [el pensamiento] de Yamī. Cuando la interrogaban, ella decía: "Murió hoy." Ellos dijeron: "Mientras siga así, no olvidará. Creemos la noche." En aquel tiempo sólo existía el día, no la noche. Los dioses crearon la noche. Y como consecuencia de esto, hubo un mañana. Y ella lo olvidó. Es por eso que se dice: los días y las noches hacen olvidar lo malo.

El Yama a quien llora Yamī no es otro que el sombrío dios de la muerte, y que es también, como vimos anteriormente, el primero de los mortales y el soberano de los Padres. Este mismo Yama es el héroe de una de las más extrañas historias de amor que se puedan leer en el Veda: un historia de amor, es verdad, donde Yama es solamente el ser amado. Amado por su hermana Yamī con una pasión que, a primera vista, es breve, pero que no termina de tener frutos afectivos y rituales, si se considera el conjunto de textos, prácticas y creencias que tienen su origen en el Veda. El amor de Yamī por Yama es el tema del himno en forma de diálogo *R̥k-Saṃhitā* X 10 presentado y comentado en el capítulo precedente. Si se considera que para establecer la coherencia de una figura mitológica, es indispensable asignar también una coherencia cronológica a los relatos que constituyen su biografía, es posible imaginar que hay un intervalo entre el momento en que Yama se convierte en mortal, el único mortal, y aquel en que muere. En este intervalo aparece la raza de los humanos mortales, salidos de alguna manera (aunque, ¿de qué manera?) de Yama y a los que se promete devenir, después de su muerte, en Padres y súbditos de este reino del más allá, cuyo acceso Yama (después de su propia muerte y por ella) habrá descubierto y sobre el que va a reinar. Yamī, además, no es ajena a la hazaña de su hermano. Yama pudo ganar la "soberanía invencible" (*anapajayyam ādhipatyam*) sobre este mundo del más allá por la eficacia de una melodía, llamada justamente "melodía de Yama" (*yāmaṃ sāma*) que, aquí abajo, entre los hombres, forma parte de la liturgia de la ofrenda de *soma*. Y es Yamī quien, habiendo descubierto o practicado esta melodía, "hace ir" a Yama hasta el mundo celeste (PB XI 10,21 *s.*)

También en este intervalo, pero antes de que comience la humanidad, tiene lugar el diálogo en que precisamente sucede este acontecer: primera tentativa, frustrada de creación, por procreación, del linaje humano. Pero para la inteligibilidad de este conjunto de mitos, es suficiente esta secuencia: Yamī llora a Yama que acaba de morir: en efecto, era (ha devenido) mortal, el único mortal. Lo llora porque lo ama: las palabras que le dirige en el diálogo r̥g-védico son declaraciones y testimonios de amor. En este sentido el diálogo entre el gemelo y la gemela vivos evidentemente precede y explica el relato de lo que ocurre, después de la muerte de Yama, entre Yamī y los dioses.

Al morir, Yama no desaparece, ni siquiera renuncia a la inmortalidad que es inseparable de su naturaleza divina. Sin embargo, para comprender el dolor de Yamī, es necesario creer que su pasaje por la muerte y su partida para lo que será su reino, el mundo de los Mânes, es una manera de no ser.

Yamī, que le sobrevive, no conoce del duelo sino la tristeza: de las reglas, de los ritos, de todas las tareas que convierten al duelo en una institución, que hacen que el duelo se "lleve", y que comprometen al deudo en la construcción pautada de la nueva forma de ser del que ya no está más; sin embargo, Yamī está privada de todo eso. Yama no ha procreado, al menos con Yamī, hijos habilitados para celebrarle los ritos funerarios. Está la pérdida, pero el dolor puede, al menos, disolverse en el duelo, ya que el muerto que ella llora es, en realidad, un inmortal y su exacto contemporáneo. Sólo se puede imaginar una asociación más estrecha que la que une a Yama con Yamī en la que se da entre gemelos del mismo sexo: pero faltaría entonces, o correría el riesgo de faltar, la coloración erótica que hace que el dolor de Yamī, su duelo imposible, sea también la pena de un amor perdido.

Relacionado con la cosmología (y los mitos indios nos llevan inevitablemente a este terreno), el hecho de que para Yamī la muerte de Yama sea, en el momento en que los dioses preguntan, un acontecimiento que pertenece a la vez al pasado y al no pasado, implica la existencia de un tiempo perfectamente continuo, sin ningún punto de ruptura, sin ningún umbral que permita articularlo en periodos distintos. "Entonces sólo existía el día", y esta duración uniformemente diurna no puede ser más que un solo día, un mismo hoy, cualesquiera sean los acontecimientos que englobe en el pasado. Lo que hace que estos relatos sean conmovedores, en resumidas cuentas, es el contraste entre el motivo que mueve a los dioses a actuar —el deseo de mitigar el dolor de una mujer, una inmortal, es verdad— y la magnitud de su acción. Para que la muerte de Yama tenga lugar en un pasado que no esté incluido en este hoy indefinidamente acumulativo, los dioses cambian toda la estructura del tiempo y proceden a una transformación cosmogónica que tiene esta notable propiedad de producir un efecto retroactivo. "Creemos la noche". De esto resulta que, a partir de ese momento, el tiempo será escandido por la alternancia de los periodos diurnos y nocturnos. Pero también, y éste era el fin que se buscaba, de ahí en más, el pasado, para Yamī, tal como lo que es, no lo será más.

En esta manera de presentar el resultado de la acción de los dioses, los psicoanalistas reconocerán quizá lo que ellos mismos buscan alcanzar con la cura. Por supuesto, las diferencias saltan a la vista, la más importante es que aparentemente, en el relato que es el tema de esta glosa, no se trata de escuchar o de hacer hablar al inconsciente de Yamī. Evidentemente los dioses no practican el análisis. La analogía es otra: está en la idea, y esto opera tanto en el análisis como en estos mitos, de que hay palabras para nombrar el pasado.

Dios mismo, digámoslo en lenguaje monoteísta, aunque sea todopoderoso, no puede hacer que lo que ha sido no haya sido. En su pedido por Yamī, los dioses no tienen la idea de abolir el acontecimiento de la muerte de Yama, ni de actuar sobre el espíritu de Yamī ofreciéndole como una droga un olvido puramente psíquico de lo que causa su dolor. Actúan sobre la textura del intervalo que separa el acontecimiento pasado del hoy de Yamī. Ahora que hay noches, "hoy" tiene una definición que necesita un límite, y lo que está más allá de este límite en el sentido de anterioridad, aquel pasado, subsiste bajo la forma de huellas pero no por una presencia que, a fuerza de su inalterable actualidad, ocupe el alma o haga en ella su sede.

Que los dioses empleen importantes medios y reformen el tiempo objetivo para modificar el estado del espíritu de Yamī, no debe hacernos olvidar todo lo que en este relato es asunto de lenguaje. Lo que tomó posesión de Yamī, lo que la preocupa, es el hecho mismo de la muerte de Yama y a la vez la palabra "hoy", que no deja de pronunciar, que está obligada a pronunciar para decir lo que este acontecimiento representa para ella.

Nos encontramos aquí, me parece, con una distinción que Freud, en algunas frases breves, incluye en la vasta categoría de *Besetzung* (término traducido comúnmente por "investidura"), distinguiendo entre la "investidura de la cosa" y la "investidura" de la palabra. En el caso de Yamī, ¿se trata de la tristeza de Yamī, de una *Sachbesetzung*, como en el sueño, o de una *Wortbesetzung*, como en la esquizofrenia?[11]

A decir verdad, la característica de este mito es que el objeto mismo de la "investidura", y no solamente la representación que se tiene de ella, es suceptible de ser modificado. Yamī será llevada a desprenderse de la palabra "hoy" porque los dioses habrían actuado de modo que el referente de este término no sea más el mismo. Y podríamos preguntarnos si, deteniéndose en el término "hoy", haciendo de esta circunstancia temporal la causa de su persistente tristeza, ella no presiona sobre aquello que puede tener una modificación en forma de interpretación,

[11] S. Freud, *Metapsychologische Erganzung zur Traumlehre*, Francfort-sur-le-Main, S. Fischer Verlag, 1917, p. 185; y S. Freud, *Trauer und Melancholie*, Francfort-sur-le-Main, 1917, p. 210; trad. al francés, *Œuvres Complètes*, XIII, París, PUF, 1988, pp. 252 y 276, respectivamente.

y que eso mismo puede ser la salida. Hay que intentar captar todavía más el alcance de este cambio, que se revela en el empleo de los tiempos verbales empleados por Yamī, por los dioses y por el narrador. Cuando Yamī dice "hoy ha muerto", utiliza el aoristo, tiempo que en sánscrito védico está reservado para expresar un pasado reciente: hechos que tuvieron al locutor como testigo, y todavía con más exactitud, hechos que tienen lugar entre el momento en que se habla y el fin de la noche precedente y que, por lo tanto, están contenidos en el "hoy". Del mismo modo los dioses, teniendo ante sí la respuesta "hoy", utilizan el aoristo para preguntar "¿cuándo ha muerto?". En cambio, el pasado que comienza en "ayer" (y engloba todo lo que ocurrió antes) está dado normalmente por el imperfecto (llamado justamente *hyastanī*, "el tiempo de ayer"); a este imperfecto, el tiempo del relato por excelencia, recurre el narrador anónimo para decir: Yama murió, dijeron los dioses..., crearon la noche y hubo así un "mañana". Al asociar con toda corrección el aoristo a la mención de "hoy", Yamī muestra que ella está, necesariamente, en un sistema donde "hoy" no es sino una de las respuestas posibles a la pregunta "¿cuándo?", aunque "en el mundo" todavía no haya un referente para las palabras "ayer" y "mañana".

La acción de los dioses consiste en volver al mundo más complejo, más ajustado a las palabras que, en principio, designan realidades que todavía no contiene. "Ayer", "mañana", están implícitamente supuestas frente a la existencia de "hoy": los dioses, creando la noche, hacen aparecer puntos de aplicación de estos términos, ocasiones para emplearlos. Han cambiado lo real —porque tal es la manera megalómana de los dioses— para ubicar una construcción que no es posible sino porque descansa sobre una estructura de la lengua. Curiosamente, estos textos dedicados a la delimitación en el pasado del día de hoy por el ayer (el pasado de hoy no puede sobrepasar el momento en que comienza ayer) no contienen esta palabra salvadora. Pero ahora que hay noches para separar los días, sabemos que habrá un "mañana". La preocupación ética (ya que hay que tenerla), y cierta forma de sabiduría psicológica (mañana es otro día; el hombre —pues del hombre se trata— está hecho de modo que sólo mira hacia el porvenir, se dice en AitĀ II 3,2 *s.*), enmascaran, en esta narración tan elíptica, lo que sin embargo es esencial: la desviación del pasado y la validez retroactiva de la decisión de los dioses.[12]

[12] AS XI 4,21 ofrece otro ejemplo de "ayer" de modo implícito. Sin embargo, pare-

En realidad, en esta construcción producida por los dioses, éstos, y luego el narrador del mito, no se detienen, y en cierta manera, la desconocen. Lo que les importa es que Yamī se tranquilice. Y como Yamī no repite más "Yama ha muerto hoy", concluyen que la sucesión de los días interrumpida por las noches hizo que Yamī olvidara a Yama. Pero para producirse, este olvido tuvo que estar precedido por una toma de conciencia. Es necesario que Yamī reconozca, en principio, que de ahora en adelante le será imposible situar en "hoy" el hecho de la muerte de Yama. Solamente entonces dejará de hablar de eso, y quizá de pensarlo o de tenerlo como único objeto de sus pensamientos. Porque, ¿en qué consiste un olvido? Podemos dudar al respecto. La tradición india, por su parte, insiste, en cambio, en el recuerdo, siempre vivo pero separado del dolor del que parece indisociable: la fiesta del "segundo [día] de Yama" o "segundo [día] de los hermanos", descripta anteriormente, da testimonio del lazo que en la India une al amor con la memoria: los designa una misma palabra (*smara*). Ese día Yamī hace venir del reino de los muertos a su hermano bienamado, el que fue su doble, y a todas las hermanas en el mundo de los hombres, le da un modelo de la tierna hospitalidad que deben ofrecer a sus hermanos vivos que vienen a visitarlas, y también a sus hermanos difuntos, liberados por un tiempo, a continuación de Yama, del pasado que los encierra.

ciera que esta estrofa está destinada a mostrar la presencia inevitable del pasado en el retorno de los comienzos: "el *hamsa* [ganso salvaje que simboliza a la vez el sol y la porción de absoluto que es el alma individual] al tomar vuelo deja una de sus patas sumergida en el mar. Si la sacara, no habría ni hoy ni mañana; no habría ni día ni noche." Cf. H. Oldenberg, *Die Lehre der Upannishaden*..., Gotinga, Vandenhoeck, 1923, p. 65.

LOS MUERTOS SIN ROSTRO

"Cara de humo, hombre sin cara"
OCTAVIO PAZ, *Noche in claro*

Las prescripciones, las instrucciones técnicas y las justificaciones teológicas que tratan sobre la manera en que los vivos deben comportarse frente a los muertos, forman una parte considerable de la literatura normativa de la India brahmánica (himnos védicos, Brāhmaṇa, Kalpa-Sūtra, Dharma-Sūtra y Dharma-Śāstra).[1] El ritual funerario, for-

[1] Las observaciones que presento aquí se refieren a la India brahmánica, es decir la India del vedismo tardío y acabado, tal como se la toma en el momento en que el ritualismo de los Brāhmaṇa debe hacerse lugar para absorber las doctrinas del *karman* y de la liberación, pero también para transformarse con su contacto. Esta síntesis se perfila en las partes más recientes del conjunto védico, Āraṇyaka y Upaniṣad, y más especialmente todavía en los textos que, sin formar parte de la Revelación védica, se consideran tradicionalmente como la explicación o el complemento del Veda: recopilaciones de aforismos concernientes al ritual doméstico y el derecho (Gṛhya-Sūtra, Dharma-Sūtra), y después, tratados más amplios y más sistemáticos que exponen las reglas religiosas y sociales que organizan y dan sentido a la vida de los hombres (Dharma-Śāstra).

Los documentos de carácter arqueológico que se pueden relacionar con el periodo védico, son todavía muy pobres, sobre todo en comparación con la civilización del Indus, que en cambio, no ha dejado ningún texto descifrable: en efecto, solamente conocemos la India védica por los textos que ha producido, que se pueden fechar por conjeturas y que son precisa y únicamente el Veda. Ahora bien, el Veda —en un sentido amplio— que consiste en buena parte en minuciosas descripciones del ritual y en especulaciones sobre el ritual, no ha hecho un edificio duradero: ningún templo, tampoco estatuas, ni monumentos funerarios —salvo las excepciones que señalo e intento esbozar aquí; el vacío arqueológico encuentra su contrapartida y, de alguna manera, su confirmación y su justificación, en el silencio de los textos.

En cuanto a los códigos que se presentan como las prolongaciones del Veda, los más recientes de ellos (los Dharma-Śāstra), sin duda se elaboraron en una India bien diferente de la India védica propiamente dicha, más accesible a la mirada del historiador, marcada por la aparición del budismo, la extensión de la cultura sánscrita en el conjunto del subcontinente (sin hablar siquiera de los reinos hinduistas del Sudeste asiático), la penetración extranjera, la creación de vastos imperios, y por último, la transformación radical que afectó al mismo brahmanismo y terminó con el hinduismo. Pero, de estas nuevas condiciones, los Dharma-Śāstra no dan cuenta de nada, por así decir: se agregan al Veda, lo continúan, y perfeccionan el corpus brahmánico.

La India que se evoca aquí es un tanto abstracta. Corresponde, en general, al dominio cubierto por la obra de Kane. Esta elección se funda en el hecho de que, en principio, este corpus constituye una ortodoxia bastante bien articulada a la cual el hinduis-

mado por las exequias propiamente dichas o por las múltiples ceremonias (cotidianas, periódicas u ocasionales; domésticas o solemnes)[2] que constituyen el culto de los muertos, impacta por su riqueza, su complejidad, su coherencia. Para algunos, el culto de los ancestros muertos es incluso el acto religioso por excelencia, ya que a este grupo de ritos les está reservado exclusivamente el nombre de *śraddhā*,

mo no dejará de referirse, aun cuando estas creencias y prácticas se hubieran modificado; en segundo lugar, es verdad que los principios del brahmanismo permiten, si no "explicar", al menos armar un conjunto de maneras de aclarar, unas por otras, ciertas características perdurables de la cultura india. Además, filólogos bastante estrictos, como Caland u Oldenberg, para esclarecer, confirmar o cuestionar lo que dicen los textos normativos del brahmanismo, no dudan en valerse de prácticas contemporáneas tal como son registradas por etnólogos, administradores u otros observadores.

Para los funerales y el culto de los muertos según los textos védicos y brahmánicos, las obras fundamentales son, respectivamente, además de P. Kane, *History of Dharma-śāstra...*, Poona, Bhandarkar Oriental Research Institute, vol. IV, pp. 153-551; W. Caland, *Die altindischen Todten...*, Amsterdam, Müller, 1896 (citado por Mauss: 1898, y retomado en Mauss: 1968, I, pp. 325-329) y 1893; véase también Keith, *The religion and philosophy of the Veda and Upanishads*, Cambridge, Mass., 1925, pp. 403-432; R. Gopal, *India of vedic kalpasūtras*, Delhi, National Publishing House, 1959, pp. 353-379; J. Gonda, Vedic Ritual, Leyde, E. J. Brill, 1980, especialmente, pp. 441-456. Para una descripción de ritos clásicos tal como se desarrollan en tiempos modernos, J.,Dubois abate, *Moeurs, institutions et cérémonies des peuples de l'Inde*, París, Imprimerie Royal, 1825, t. II, pp. 202-227 y 284-288; S. Stevenson, *The rites of the twice-born*, Londres, Oxford University Press, 1920, pp.135-195. Para la práctica actual de los hindúes tradicionales, disponemos de J. Parry, *Death in Banaras*, Cambridge, University Press, 1994, modelo de encuesta etnográfica y de análisis sociológico.

[2] En el brahmanismo se distingue entre los ritos que es obligatorio ejecutar regularmente, todos los días o en fecha fija: son los ritos permanentes (*nitya*); aquellos que hay que ejecutar en ciertas circunstancias: son los ritos ocasionales (*naimittika*); aquellos que se deben ejecutar si se quiere alcanzar determinado fin, obtener satisfacción de cierto deseo: son los ritos opcionales o votivos (*kāmya*). La definición estricta y operatoria de estas clases aparece en la *Pūrva-Mīmāṃsā* (JS VI 3,1-10). Sobre la validez de estas categorías en el culto a los ancestros (los *śrāddha*), véase P. Kane, *op. cit.*, 1953, vol. IV, pp. 369-377. Por otra parte, los ritos se dividen en domésticos (*gṛhya*) y solemnes (*śrauta*). Son *gṛhya* los ritos que el dueño de casa realiza por sí mismo con el fuego doméstico (*aupāsana*). Los ritos *śrauta* necesitan tres fuegos, mantenidos permanentemente alrededor de la *vedi* (sobre esto, véase el capítulo "La dualidad, la muerte, la ley", p. 12), sobre el *devayajana*, terreno consagrado, rectangular, próximo a la casa. Estos ritos *śrauta* no pueden ejecutarse sino con la presencia de oficiantes (*ṛtvij*) especializados. Cuando se quieren ofrecer los sacrificios más prestigiosos que incluyen ofrenda de *soma*, hay que preparar cada vez un terreno elegido a este efecto, que está constituido por el *devayajana* (su réplica), aumentada por una vasta extensión hacia el este en forma de trapecio, la *mahāvedi*. Sólo los "dos veces nacidos" pueden ofrecer sacrificios *śrauta*. En el caso de los ritos funerarios, las operaciones que aquéllos hacen con los tres fuegos del culto solemne (o extraídos de estos fuegos) son ejecutadas por los *śūdra*, con el fue-

en sentido estricto, "lo que descansa en la *śraddhā*", la "confianza" [en la validez y la eficacia del rito]".[3]

Si la vida de cada mortal es un depósito que el dios de la muerte le ha confiado y que necesariamente le reclamará, la muerte está presente en la misma definición de la vida. Esta idea, asociada a la de que hay un más allá de la muerte, es permanentemente reconocida e invocada. Sin embargo, cuando se examinan en sí mismas las ceremonias que tienen relación con la muerte, se comprende que su principal razón es dar una respuesta, rica y minuciosa, a estos interrogantes: qué hacer con los muertos, cómo deshacerse de ellos, cómo colocarlos a un costado, o, para emplear un eufemismo inglés, ¿cuál debe ser el *disposal of the dead*? Esta cuestión que toda colectividad humana debe afrontar desde el punto de vista práctico, los rituales de la antigua India la formulan de tal modo que no es sólo la realidad física del cadáver a lo que se dedican a eliminar: lo que debe subsistir del muerto no tiene los mismos contornos de individualidad que cuando estaba vivo.

PONER LA MUERTE A DISTANCIA

Las exequias (*antyeṣṭi*) son, en efecto, en primer lugar, la expulsión del cadáver fuera de la casa y del pueblo, y después, su eliminación. Eliminación progresiva y, por decir así, reiterada, ya que a la cremación

go doméstico. Cuando un "dos veces nacido", dueño de casa (*gṛhastha*), quiere celebrar los cultos *śrauta*, debe proceder al *agnyādheya*, "la instalación"de los fuegos. Esta ceremonia lo convierte en un *āhitāgni*, un hombre "cuyos fuegos han sido instalados". A esta *Feuergründung* está dedicada la obra fundamental de Herta Krick, a la que me refiero frecuentemente (H. Krick, *Das Ritual der Feuergründung*, Viena, Verlag der O. Akademie der Wissenschaften, 1982).

[3] El nombre de *śrāddha* es apropiado especialmente para las ceremonias del culto de los ancestros, porque en algunas de ellas es conveniente invitar a los brahmanes que "representan" a los Manes a absorber una parte de los alimentos destinados a los Manes. Tener "confianza", tener "fe", en la eficacia del rito, es ante todo creer que aprehender a los brahmanes vivos invitados es una manera de aprehender a los ancestros muertos. Por ello, los *śrāddha* se distinguen de los sacrificios a los dioses: en efecto, los dioses no se procuran de ningún mortal para comer en su lugar el manjar del sacrificio. Sobre la *śrāddha*, "confianza", "creencia", "fe", véase el Veda, mediante S. Lévi, *La doctrine du sacrifice dans les brāhmaṇas*, París, PUF, 1898; G. Dumézil, *Idées romaines*, París, Gallimard, 1969; H. Köhler, *Srad-dha- in der vedische...*, Wiesbaden, Franz Steiner Verlag, 1973; Ch. Malamoud, "La déese Croyance", L. Giard (ed.), *Michel de Certeau...*, París, Centre Georges Pompidou.

(*upoṣaṇa*) que destruye la carne y las vísceras le sigue la recolección de los huesos (*asthisaṃcayana*), que en seguida se hacen desaparecer de una manera o de otra, con una segunda cremación (*punardāha*),[4] o bien dispersándolos (*haviryajñiyanivāpa*), reuniéndolos en una urna que se enterrará en un lugar desierto, o arrojándolos, junto con las cenizas, a un río. Veremos más adelante el papel del fuego en estos procesos y también la interpretación que se hace de ellos. Pero ahora observaremos que también el agua tiene su función en los funerales.

La acción del agua precede y sigue a la del fuego, tanto para el cadáver como para los deudos. El agua, pero más precisamente, las aguas: el término usual para "agua", en sánscrito védico, es el sustantivo femenino plural *āpas*; este elemento, en los textos védicos, es mencionado como una masa femenina, materna y plural; las aguas son divinas aunque no hay una diosa "Agua" como hay un dios Fuego. Las aguas, purificantes y vivificantes, son necesarias para volver adecuados para el ritual de la cremación a los seres y a los objetos implicados. El cadáver es debidamente lavado antes de ser transportado por el cortejo de los deudos hasta el terreno de la cremación. También se le corta el vello y el cabello, y se le arreglan las uñas; pero, según otra costumbre hindú posvédica, tal como se la puede observar especialmente en Benarés, se baña al cadáver en las aguas del Ganges, sumergiéndolo hasta medio cuerpo; el deudo principal, quien va a encender el fuego de la pira, debe prepararse para esta ceremonia sumergiéndose él también en este río y vertiendo agua sobre la cabeza del cadáver y en la masa de agua que lo rodea.

Una vez que la cremación ha terminado, las cenizas y los huesos no calcinados reciben un tratamiento donde el agua juega un papel siempre importante, aunque diferente en los textos normativos antiguos y en la actualidad (la cual, por otra parte, evidencia tradiciones inmemoriales). En principio, en los textos sujetos al vedismo, los restos de la cremación son asperjados con agua, manteca clarificada, leche agria y miel, mientras se recitan plegarias que asimilan cada uno de estos líquidos arrojados a los grandes ríos de la India; después, estos restos se colocan en una urna; luego se los asperja nuevamente con agua y se los entierra bajo tierra, preferentemente entre las raíces de un árbol, o se los arroja a un río o al mar. En la práctica que prevalece hoy en día, los restos de la cremación (que pueden ser importantes, pues la

[4] W. Caland, *op. cit.*, § 60.

madera para la combustión es muy costosa), se arrojan a un curso de agua.

Todas las precauciones y todos los dispositivos rituales que tienden a hacer de los funerales algo distinto de la simple eliminación del cadáver y el alejamiento del muerto como persona, no impiden que, al abandonar el terreno de la cremación, los vivos no estén animados por una doble preocupación: asumir, después de terminar, a través de repetidas abluciones, el periodo de impureza (*āśauca*) al que el hecho de la muerte (más que el contacto con el muerto) los ha condenado;[5] evitar, mediante secuencias de ritos que constituyen la *śānti*, el "apaciguamiento", que el muerto se apodere de los vivos; por ello, cuando están en el camino de regreso, una vez que la cremación ha terminado, los deudos tratan de no regresar, de no mirar hacia atrás, de borronear las huellas de sus pasos, y en medio del recorrido erigen una piedra, que simboliza una montaña infranqueable; recitan estas estrofas del *R̥k-Saṃhitā* X 18,3 y 4:

Estos vivos presentes se separan de los muertos.
Hoy el llamado de los dioses nos es favorable.
Vayamos al encuentro de la danza y la alegría
Haciendo que la duración de nuestras vidas se prolongue.

Instalo esta barrera para los vivientes.
¡Que ninguno de ellos traspase el límite!
¡Por la abundancia de los días! ¡Que vivan cien otoños!
¡Que en esta montaña encierren a la muerte!

[5] La muerte es una fuente muy importante de impureza, para los objetos y los lugares, pero también para los hombres. Los sobrevivientes son alcanzados por la contaminación, que es más grave y durable si estaban estrechamente emparentados con el muerto. La primera fase del duelo, que dura hasta el momento en que se inician efectivamente las operaciones destinadas a procurarle al recién fallecido una especie de cuerpo provisorio como uno de los Manes, está marcada por la parálisis ritual de los deudos; se les prohíbe celebrar los ritos más elementales. Las prohibiciones se levantan progresivamente en el curso de las semanas y los meses siguientes. La idea de que el muerto contamina se impone con mucha fuerza aun en la India moderna como era en la India védica: S. Stevenson explica que entre los brahmanes de Gujrat, apenas se sabe que un hombre ha muerto, se presenta un amigo de la familia con mil precauciones para sacar al ídolo doméstico de la casa, que no recuperará su lugar hasta que la impureza del hogar sea atenuada. En cambio, según el mismo autor (S. Stevenson, *op. cit.*), el cadáver, lejos de ser contaminante, es sagrado, divinizado, y muy susceptible de ser manchado: por ello, los vivos deben purificarse cuidadosamente antes de tocarlo.

Entre las numerosas medidas que se toman para mantenerse a distancia del muerto, hay una en la que interviene el agua e incluye una navegación ficticia: a cierta distancia del terreno de la cremación, se cavan pozos y se los llena con agua, que representa un río; después, se construye un pequeño barco de madera; uno de los sacerdotes oficiantes invita a los deudos a embarcarse en él —lo que hacen simbólicamente, saltando los pozos— y recita esta estrofa (AS XII 2,48 y VII 6,3):

Subid a bordo de este barco que es del dios Savitr̥.
Barco de los dioses, barco con buenas ramas, bien ensamblado,
¡Que gracias a él y libres del mal, podamos tener salud![6]

La voluntad de mantener a los vivos del lado de la vida y, por lo tanto, separarlos del muerto, se observa en todas las etapas de los funerales y en el momento mismo de la cremación. Un llamativo ejemplo es el papel asignado a la esposa del difunto: se le indica recostarse en la hoguera cerca del cadáver, como si debiera acompañar a su marido en la muerte. Pero el hermano del muerto, o un sustituto, debe exhortar a la esposa a que se levante. Recita *R̥k-Saṃhitā* X 18,8:

¡Oh, mujer, levántate al mundo de los vivos!
¡Estás allí tendida cerca de un ser sin vida! ¡Ven aquí!

La supresión física del cadáver, o al menos su reducción y su alejamiento, se acompañan con procedimientos que tienen por finalidad borrar el recuerdo de la persona muerta. Observamos en principio que un buen número de utensilios y recipientes de los que el muerto se sirvió en el curso de su vida para realizar los sacrificios, se apilan sobre el cadáver o se disponen alrededor de él, liberándolos a las llamas al mismo tiempo que su cuerpo; los otros, son arrojados al agua.[7] Después de la dispersión de los restos del difunto, no se coloca ninguna tumba, ningún cenotafio que pudiera prolongar su existencia terrestre reservándole un espacio. (Para la excepción que constituyen los túmulos llamados *śmaśāna* o *loṣṭaciti*, erigidos en ciertos casos, véase más adelante.) Más aún: entre los muy numerosos ritos que marcan el regreso del cortejo fúnebre al pueblo, la mayoría tiene por objeto

[6] W. Caland, *op. cit.*, § 65.
[7] W. Caland, *ibid.*, § 27; P. Kane, *op. cit.*, p. 207 *sq.*

apartar "físicamente" el espíritu del muerto del mundo material de los vivos; pero hay otros que están destinados a impedir que el muerto surja en la vida mental de aquéllos, y especialmente en sus sueños: tal es el papel de la limpieza por medio de la planta llamada *apāmārga* (ŚB XIII 8,4,4; véase también más adelante).

En esta cultura que afirma con tanta nitidez que la vida de un hombre es ante todo la suma de sus actos, es notable que las ceremonias mortuorias no supongan ninguna recapitulación y ni siquiera ninguna evocación de lo que fue esa existencia, ahora que se ha acabado. Lo único que es suficiente saber de la biografía del difunto, en el momento de celebrar las exequias y adoptar tal o cual variante del rito, es la clase social (*varṇa*) a la que pertenecía, y hasta dónde había llegado durante su vida en la ejecución del programa religioso: ¿qué estadio de vida, *āśrama*, había alcanzado? ¿Era o no un *āhitāgni*, es decir: había instalado los tres fuegos necesarios para los sacrificios solemnes? ¿Había impulsado la piedad al punto de construir un Altar del Fuego, *agnicayana*? ¿Hasta dónde había llegado en la adquisición del saber védico? ¿Era lo bastante sabio como para merecer un tipo especial de funerales que tienen el nombre de *brahmamedha*, descrito en *Taittirīya-Āraṇyaka* III? El resto no tiene incumbencia: las proezas o virtudes de este hombre, las circunstancias que hicieron que actuara de tal modo o de otro, nada de todo eso estará mencionado en ningún elogio fúnebre, nada se consigna para servir de ejemplo o referencia, nada se juzga memorable, incluso cuando el difunto es un personaje de la realeza. Sin embargo, hay un balance de las acciones buenas o malas, que será evaluado por Yama, rey y juez de los Infiernos, y que —en el sistema de creencias que toma forma hacia el fin del periodo védico— determinará su nuevo nacimiento sobre la tierra. Pero no son los hombres los calificados para establecer este balance, y por ello no es tema para una historia.

Lo patético casi no tiene lugar en las ceremonias.[8] No hay que detenerse lamentando la vida que ya se fue: los sobrevivientes tienen mu-

[8] Según S. Stevenson, *op. cit.*, p. 152 s. A las mujeres se les permite (reunirse) para llorar sólo en torno del terreno de la cremación. Sobre las "lloronas" especializadas empleadas para la ceremonia, véase S. Stevenson, *op. cit.*, p. 155; J. Parry, *op. cit.*, p. 132 ss. Para la India antigua quizá sea necesario aplicar a los funerales lo que se dice en AS XIV 2,59 *sq.*: las lamentaciones de las mujeres descontroladas son un pecado; según el *Mahābhārata* XI 1,42 *sq.*, las lágrimas de los sobrevivientes son como chispas que queman a los muertos.

cho que hacer poniendo el muerto a suficiente distancia como para que ya no la pueda franquear, y para purificarse de las contaminaciones de la muerte. Ahora bien, el medio de prevenirse definitivamente contra el retorno del muerto es, primero, conducirlo hasta las puertas del más allá, y luego, asegurar su transformación de difunto (*preta*) en Padre (*pitr̥*). El primer objetivo se alcanza gracias a las exequias, el segundo por una ceremonia llamada *sapiṇḍīkaraṇa* que introduce —y encierra— al muerto reciente en el grupo de los Manes. Una y otra fase tienen por efecto romper la continuidad entre lo que el hombre que acaba de morir era cuando vivo y lo que es ahora: su persona, su identidad, ya no tienen los mismos límites.

Las exequias son un sacrificio, el sacrificio que les permite a los vivos enviar al muerto al más allá, lo que sólo puede cumplirse cuando el cadáver recibe la categoría de víctima de un sacrificio. Esta trasmutación va en el mismo sentido que la expulsión y la eliminación del cadáver y la supresión de la personalidad terrestre del difunto. Incluso es una manera de perder su singularidad biográfica ser reducido o elevado, a último momento, a la condición de animal de sacrificio.

Si en la India védica y brahmánica hay maneras de ser que podrían registrarse como lo que se ha llamado "ideología funeraria", es en la interpretación de las exequias como sacrificio donde se la puede descubrir. Esta interpretación se manifiesta en las reglas del rito, en los términos técnicos empleados por los tratados y en las plegarias impresas en el libro X del R̥g-Veda y recitadas en el momento de la cremación. Se la formula explícitamente en los pasajes de los *Pitr̥medha-Gr̥hya-Sūtra* citados por Caland, que afirman: un cadáver humano bien preparado es la ofrenda que más agrada al dios Agni.[9]

Es verdad que los gestos que constituyen el ceremonial propio para los muertos son, en muchos casos, inversos a los gestos ejecutados en las ceremonias para los dioses: cuando se trata de los dioses, se gira alrededor de la víctima, o del altar (o sobre sí mismo), de manera tal de tener siempre a la derecha el objeto que se quiere honrar (movimiento *pradakṣiṇam*); cuando se trata de los muertos, se gira de manera de tenerlo a la izquierda (movimiento *prasavyam*). Los ejemplos se pueden multiplicar.[10] Esta inversión sistemática no pone en cuestión el esquema de conjunto: los funerales dibujan, entre el sacrifican-

[9] W. Caland, *op. cit.*, pp. 175-179; H. Krick, *op. cit.*, p. 48 *sq.*
[10] W. Caland,, *ibid.*, pp. 172-174.

te (*yajamāna*) (en este caso, el deudo principal), la divinidad, los fuegos del sacrificio, los oficiantes y la víctima, la misma configuración que los sacrificios propiamente dichos.

Tan pronto el moribundo ha expirado, comienzan los preparativos que, en principio, significan que el cadáver está en proceso de convertirse en oblación: los deudos, conducidos por quien está en posición de sacrificante, a saber: su hijo o cualquiera que pueda ser su sustituto, transportan el cuerpo de aquel a quien la vida acaba de abandonar, sobre una especie de camilla y, entre los fuegos dispuestos sobre el área de sacrificio permanente contiguo a su casa,[11] le hacen dar un recorrido semejante al que se hace, en el sacrificio propiamente dicho, con toda materia oblatoria; después se lo instala, siempre según el procedimiento del sacrificio normal, sobre la *vedi*.[12] Sólo después que el cadáver ha recibido esta identidad de sustancia de sacrificio, comienza la etapa siguiente, la salida del muerto y de sus fuegos de sacrificio y la formación del cortejo que los conducirá al terreno de la cremación: allí, mediante hachas extraídas de los fuegos de sacrificio que el muerto ha conservado a lo largo de su vida, se encenderá el fuego crematorio al que será arrojado, del mismo modo que en el sacrificio propiamente dicho la materia oblatoria, cualquiera que sea su naturaleza, es arrojada al fuego ofertorio (*āhavanīya*).

El cadáver es, en consecuencia, *āhuta*, "dado en oblación" para Agni. Sobre la puesta en escena, los gestos, las fórmulas, los razonamientos que permiten asimilar el cuerpo arrojado a las llamas con una ofrenda al dios del fuego, sobre la distinción que permite ver en las llamas de la hoguera, por una parte, a un Agni cruel "devorador de lo crudo" (*kravyād*), indispensable para la eliminación, y por otra, a un Agni cocinero y encargado de transportar la oblación, me permito remitirlos al estudio que dediqué a la "cocción del mundo".[13] El elemento de ficción necesario para tratar a la cremación como un sacrificio, es que se rechace considerar un hecho, sin embargo, esencial: aquí la matanza es imposible, puesto que lo que constituye la ofrenda es una víctima ya muerta. Es verdad que en los sacrificios propiamente dichos, el acto mismo de inmolación es el objeto de negaciones fuertemente elaboradas (a la víctima no se la mata, se la "apacigua", y además, por

[11] Véase nota 2, *supra*.

[12] Sobre la *vedi*, véase el capítulo "La dualidad, la muerte, la ley", p. 13.

[13] Ch. Malamoud, *Cuire le monde*, París, La Découverte, 1989, p. 58 ss.

diversos signos, ella manifiesta su consentimiento, y "sabe" que al término de su aventura ganará el cielo). Pero en el caso de los funerales, estas negaciones son inútiles: lo que se trata de escamotear no es el crimen, sino el hecho de que la muerte ya ha ocurrido. De todos modos, el sacrificio funerario no está explícitamente asimilado a un *paśubandha*, ritual que incluye la inmolación de animales. El punto de referencia es, más bien, el *yajña* en general. Pero también es verdad que la destrucción o desestructuración de la materia oblatoria (los tallos del *soma* aplastados, los granos de cereales cuando son molidos) se identifican explícitamente con una matanza.[14]

Las demás imperfecciones de esta víctima que es el cadáver, son poca cosa comparadas con esta imperfección radical que constituye el hecho mismo de ser un cadáver. El sacrificio requiere como víctima a un animal intacto, lo más frecuente es que sea macho y adulto. Pero ni las mujeres ni los hombres con cuerpo enfermo o lesionado están excluidos del "sacrificio" de la cremación. Sin embargo, un niño solamente puede ser incinerado si ha terminado su primera dentición; o, según otros textos, el animal puede ser inmolado y el niño incinerado a partir de los dos años de edad: si muere antes, su cadáver se entierra o abandona en un lugar desierto.[15]

UN MONUMENTO PARA EL OLVIDO

Eliminado del mundo terrestre, ajeno de ahora en adelante a lo que era su identidad como ser vivo, el muerto es enviado al más allá por el

[14] Ch. Malamoud, "La déese Parole dans le Veda", C. Conio (ed.), *La Parola creatrice in India en el Medio Oriente*, Pisa, Giardini, 1994, pp. 39-42.

[15] También están excluidos de la cremación y son reducidos a la inhumación los hombres que se han vuelto impuros por ciertas enfermedades o ciertos crímenes, o cuya muerte accidental ha sido causada por su propia negligencia o su temeridad. Una lista muy larga (y, parece, poco realista) de estas prohibiciones se encuentra en *Vaikhānasa-Smārta-Sūtra* V 11; incluye el suicidio en general y la muerte producida por una huelga de hambre (*prāyopaveśana*): lo que se considera aquí es, más especialmente, la práctica que consiste en que un acreedor se siente a la puerta de su deudor y rechace todo alimento hasta que éste no haya pagado. La prohibición no se aplica sino en el caso en que el ayunante quiera obtener, por este chantaje ascético, la satisfacción de exigencias injustas. Sobre el "ayuno del acreedor", cf. L. Renou, "Les éléments védiques...," *Journal Asiatique*, 1943-1945, retomado en L. Renou, *L'Inde fondamental*, París, Hermann, 1978, pp. 164-174. Sobre el suicidio, véase ese capítulo, p. 90.

sacrificio funerario. Que el servicio de los muertos esté disociado de la voluntad de conservar su recuerdo, lo muestra la ausencia, en el hinduismo de los textos normativos, de monumentos funerarios, tumbas o cenotafios, y lo confirman las excepciones que es necesario examinar ahora.

En el siglo II de nuestra era, el historiador y geógrafo Arriano, que cuenta la expedición de Alejandro a la India, observa que, según sus fuentes, "los indios no hacen monumentos (*mnêmeia*) a los muertos; piensan que el valor de un hombre es suficiente para perpetuar su memoria así como los poemas (*tas ôidas*) que se le dedican".[16] La comprobación de este hecho es correcta, la explicación propuesta, errónea, como lo muestran las instrucciones relativas a la construcción de lo que mejor puede pasar por el equivalente de una tumba, el *śmaśāna*.

Se trata del rito —facultativo— mencionado anteriormente y que consiste en erigir un túmulo arriba de la urna que contiene las cenizas del difunto y lo que queda de sus huesos después de la cremación.[17]

Los textos sobre ritual hablan mucho de esto pero no concuerdan en los detalles más importantes.[18] Este monumento, lejos de estar destinado a la memoria del muerto, por el contrario, sólo puede erigirse, cuando ha llegado el olvido.

En su acepción habitual (y que se mantiene hasta nuestros días), el término *śmaśāna* designa al terreno de cremación, donde también se entierran los restos de la cremación, lugar impuro y sobre todo temible desde el periodo védico.[19] Se lo describe con colores totalmente

[16] Arriano, *Indike* X 1, edic. Chantraine, París, Les Belles Lettres, 1927, p. 36.

[17] W. Caland, *op. cit.*, §§ 53-56; J. Gonda, *op. cit.*, p. 279. Tanto si se la construye o se la obtiene por el procedimiento habitual, después de la cremación es necesario hacer la recolección de los huesos (*asthisaṃcayana*). Generalmente es tarea de las mujeres. Sus gestos y sus palabras están destinados a reconstituir la unidad del muerto y a volver a darle vida y movimiento (es lo mismo que hace la mujer del sacrificante cuando asperja el cuerpo inmolado de la víctima). Durante esta recolección, las mujeres recitan dirigiéndose al muerto: "Levántate, toma tu cuerpo, llévatelo sin dejar ningún miembro, ningún hueso..." Los restos de los huesos así reunidos, antes de encerrárselos en urnas o arrojarlos al agua, deben disponerse de manera tal que dibujen un cuerpo humano. Según algunos, con las cenizas mezcladas con el agua debe modelarse una figurilla destinada a representar al muerto: ejemplo asombroso de un objeto que da lugar a una imagen de sí hecha con materiales tomados del mismo objeto.

[18] W. Caland, *op. cit.*, §§ 72-114.

[19] J. Gonda, *op. cit.*, p. 239.

siniestros en los textos clásicos.[20] Pero en el ritual funerario antiguo, la misma palabra designa un edificio cuyo modo de construcción y simbolismo veremos a continuación, con los juegos verbales a los cuales el discurso otorga el valor de una explicación etimológica. Cito el *Śatapatha-Brāhmaṇa*:

Se prepara un *śmaśāna* que será [para el muerto] una casa o un monumento (*prajñāna*). Pues todo hombre que muere es un *śava* ["cadáver"], y para este *śava* se prepara alimento, *anna*, de ahí el sustantivo compuesto *savānna*. En realidad, lo que se llama misteriosamente *śmaśāna*, es el *śavānna*, el alimento del cadáver... No hay que hacer este edificio enseguida, a fin de no volver a dar vida al pecado del muerto. Hay que hacerlo mucho tiempo después; así se hace desaparecer este pecado en el olvido; cuando la gente no se acuerda más de los años [pasados]; así se hace que el pecado se convierta en algo de lo cual ya no se escucha hablar (*aśrutiṃ gamayati*)... No hacer el *śmaśāna* cerca de un camino, ni en lugar abierto, para no ofrecer a la vista el pecado [del muerto]... Es necesario construirlo en un lugar apartado pero expuesto a los rayos verticales del sol... El sol hace desaparecer el mal... El monumento no debe ser visible al pueblo: si fuera visible, otro [miembro de la familia] iría muy pronto a reunirse con el muerto... Para un hombre que, cuando estaba vivo, celebró el [gran sacrificio llamado] Apilamiento del Fuego, se hace una tumba sobre el modelo de este Altar del Fuego [que ha apilado]. En realidad, cuando el sacrificante apila [las capas de ladrillos que constituyen] el Altar del Fuego, se perfecciona a sí mismo por este sacrificio, en vista del otro mundo, pero este acto de sacrificio no está terminado hasta tanto no se haya hecho esta tumba... No es necesario hacerla grande, por temor de volver grande el pecado [del difunto]. "Hay que hacerla tan grande como el Altar del Fuego, menos las alas y la cola, dicen algunos, pues lo que es en sí el sacrificante es igual a la parte central de este Altar del Fuego.[21] Pero, sobre todo, es necesario hacerla exactamente de la talla de un hombre: así no se deja lugar para otro. Hacerla más extensa (*varīyas*) por detrás, pues la progenie es lo que está detrás de uno, y así se deja una excelente progenie (*varīyas*). Más ancha al norte (*uttara*), pues la progenie es lo que viene después (*uttara*)..."[22] (ŚB XIII 8,1,1-19).

[20] Por ejemplo, el drama de Bhavabhūti (siglo VIII de nuestra era), *Malatīmādhava*, acto V.

[21] La parte central de un cuerpo (para el caso, el del pájaro figurado por el altar de ladrillos), diferenciada de la cabeza, los miembros, la cola, es su *ātman*, término que también significa "sí" y se emplea como pronombre reflexivo.

[22] Juego de palabras con *varīyas*, "más ancho" (comparativo de *uru*) y el término ho-

Cuando esta construcción está terminada, el sacrificante se aparta.

Él se limpia con matas de la planta de Purificación (*apāmārga*); al hacerlo se limpia del pecado recitando: "Oh, Apāmārga, aparta de nosotros el pecado, las faltas, la contaminación, la enfermedad, los malos sueños"... En un lugar donde haya agua corriente o estancada, se toma un baño... Se encamina hacia [el pueblo], murmurando: "Nos elevamos de las tinieblas...", pues el mundo de los Padres es tinieblas... Una vez que han llegado, se da al sacrificante colirios o ungüentos para los pies: ésos son los medios que tienen los hombres para hacerse bellos, y así mantienen a la muerte a distancia. Después de haber vuelto a encender el fuego en la casa y dispuesto alrededor una barrera protectora en madera de *varaṇa*, hace con una cuchara de madera de *varaṇa* una oblación a Agni protector de la duración de la vida (*āyuṣmant*)... [Vuelve al *śmaśāna*.] Llegado al límite del pueblo, toma un puñado de tierra y a medio camino entre el pueblo y el *śmaśāna*, coloca este puñado recitando [la estrofa VS XXXV 15 = R̥S X 18,4]: "coloco esta barrera para los vivos..." Así se hace este límite entre los vivos y los Padres con el fin de que no se mezclen; y es por este motivo, en verdad, que aquí en la tierra no se ve juntos a los vivos y a los Padres" (ŚB XIII 8,4,4-12).

Se trata aquí, recordémoslo, de un procedimiento que, aunque esté descrito con mucho detalle por los textos normativos, parece haber sido excepcional y no está mencionado en los textos literarios. Pero la misma existencia de estas instrucciones es, a primera vista, un argumento a favor de la idea que, en la India brahmánica como en otras etapas, el recuerdo de los muertos puede ser materializado en el espacio y producir una huella visible. En efecto, este memorial está, si se puede decir así, orientado hacia el olvido, penetrado por el olvido. Lo que hay que olvidar es la singularidad de la vida que se ha acabado. Lo que hay que conservar en la memoria, es la necesidad de los ritos, el deber de asegurar a los Padres, a todos los Padres, una existencia feliz en el mundo que les pertenece, y de reforzar más y más la separación de este mundo con el mundo de los vivos. Es importante observar que después de haber terminado con la construcción de este monumento oculto, que no se puede hacer sino mucho tiempo después del periodo de impureza relacionado con el duelo, hay que to-

mófono *varīyas* (derivado de *vara*, "elección"), "mejor, excelente". La palabra *uttara* significa tanto "lo que está al norte" y "lo que viene después".

mar las mismas precauciones, decir las mismas palabras, que al salir del terreno de cremación, después que ha desaparecido en las llamas el cuerpo visible del muerto: a las prescripciones que se acaban de señalar, hay que agregar la de no regresar y de confundir las huellas de los pasos. Remarcamos, por otra parte, que no se hace ninguna mención de los cultos que se celebrarían en recuerdo del muerto en torno a esta construcción, la cual, además, presenta muchos rasgos comunes con esa estructura de ladrillos encimados que es el Apilamiento del Fuego.[23]

SOMOS UN NÚMERO

El muerto transformado en víctima del sacrificio funerario sufre, entonces, otra mutación. Accede a ser parte de la categoría de los Manes (*pitṛ*). ¿Qué tipo de relación hay entre la persona cuya vida acaba de terminar y este ancestro admitido ahora entre los destinatarios de las ofrendas que los vivos ofrecen regularmente a los muertos? Hay dos maneras de considerar a los *pitṛ*.

- Los *pitṛ* forman globalmente una clase de seres. Se los honra en grupo, se razona sobre sus poderes, sobre el lugar que ocupan en el cosmos. En este sentido, forman un conjunto comparable al de los dioses, o de los hombres, o de los demonios. Como tales se los invoca en algunas ocasiones precisas (el nacimiento de un hijo, por ejemplo), y les corresponden procedimientos de culto análogos a los que corresponden a los dioses, y no a la inversa.
- Los *pitṛ* pertenecen a una estirpe definida. Es por ello que reciben regularmente, como individuos, las ofrendas de sus descendientes. ¿En qué medida son portadores de la individualidad que tenían cuando estaban vivos y eran mortales? En realidad, su identidad se reduce al rango que ocupan en el linaje, al eslabón con el que forman la cadena. Un hombre rinde culto a tres tipos de ancestros: su padre, su abuelo, su bisabuelo. Cuando muere, su hijo hereda una obligación equivalente, es decir que el bisabuelo de su padre queda eliminado: no tiene derecho más que a una bolita (*piṇḍa*) indi-

[23] H. Oldenberg, *Die Religion des Veda*, Stuttgart-Berlín, 1917, p. 10; retomado en H. Oldenberg, 1967, p. 328.

vidual, pero debe contentarse, habiendo caído en la masa indistinta de aquellos que lo han precedido, con fragmentos de alimento informe (*lepa*) que quedan pegados en los dedos de quien confeccionó las bolitas y que limpia en las matas de hierba. Estos ancestros caídos en desuso, se podría decir, a medida que se suceden, a un ritmo idéntico para todos, durante tres generaciones son *lepabhāgin*, "comedores de *lepa*" (Manu III 216). Todo hombre (al menos todo *ārya*) tiene derecho al mismo nivel cronológico (débil). Para el *preta*, literalmente: "el que se ha ido antes", devenir ancestro, es tomar lugar en el grupo de los ancestros; el término *pitr̥*, "padre", que evidentemente puede ser usado en singular cuando designa al progenitor (y en dual cuando designa a la pareja formada por el padre y la madre), prácticamente se registra sólo en plural cuando se usa en el sentido de "ancestro". Un hombre tiene un abuelo, un antepasado, etcétera, pero sólo puede tener *ancestros*, masa ya indefinida, ya estrictamente numerada, aunque siempre plural. (Del mismo modo ocurre en latín: los manes, *manes*, son siempre una pluralidad, pluralidad de difuntos o pluralidad de espíritus para un muerto en particular.)

La ceremonia que marca el punto de finalización de este proceso de trasmutación del *preta* en *pitr̥* y de integración del nuevo muerto en la colectividad de los ancestros, recibe el nombre de *sapiṇḍīkaraṇa*, "acción que consiste en hacer (del muerto) uno que tiene derecho a las mismas bolitas de ofrenda (*piṇḍa*) que sus predecesores".[24] Al dar al muerto la categoría de *sapiṇḍa*, comensal de los ancestros, se pone fin al periodo de duelo, es decir, a la situación de impureza (con todos los impedimentos que ello implica, especialmente rituales), que afectaba a los que lo sobrevivieron.

He aquí cómo se cumple este rito.[25] Un año o tres quincenas después de la muerte, o incluso en ocasión de un acontecimiento fasto tal como el nacimiento de un hijo en la familia, el deudo principal, normalmente el hijo mayor, que no se convertirá en heredero del difunto hasta que sea liberado de esta tarea, se instala cerca de los fuegos de sacrificio de su padre[26] y, volviéndose hacia el sur, punto cardi-

[24] P. Kane, *op. cit.*, vol. IV, p. 520 ss.; J. Gonda, *op. cit.*, p. 442.

[25] W. Caland, *op. cit.*, p. 36 s.; P. Kane, *op. cit.*, p. 520 s.

[26] Los rituales del culto de los ancestros, tales como se describen en forma general, implican que el difunto es un hombre y que el deudo principal, que juega el papel de

nal de los muertos, traza sobre el suelo una línea que delimita un área, de cuyo exterior son expulsados los demonios y los espíritus maléficos. Uno de los textos donde encontramos estas instrucciones insiste en el hecho de que no se trace más que una línea; asimismo, otras acciones de esta ceremonia se deben hacer una sola vez (en cambio, en los rituales similares pero dirigidos a los dioses, es necesario hacer los gestos muchas veces, o descomponerlos en numerosas secuencias): es que los Padres, se nos dice, partieron una sola vez (ŚB II 4,3,9,13 y 17). Por eso, cuando se convida a los muertos en el espacio familiar delimitado para hacerles las ofrendas, el deudo comprueba (es obligado a comprobar) la necesidad de recordar que han partido para no regresar más. Esta comprobación es también la justificación del rito: para que los muertos no vuelvan, deben estar establecidos como Padres en el más allá.

Protegido pues por esta línea única, el deudo efectúa un rito de hospitalidad que es, de hecho, un rito de despedida. Dispone cuatro recipientes llenos de agua, con unas briznas de hierba, grano de sésamo y pasta de sándalo: un recipiente para el nuevo difunto y los otros tres para los antiguos Padres, a saber, el padre, el abuelo y el bisabuelo en línea paterna, del muerto, al que se trata ahora de integrar al grupo de los ancestros. En la víspera tuvo la precaución de invitar a cuatro brahmanes que no fueran de la familia, y que recibirán comida y regalos. Uno de los brahmanes representa al nuevo muerto, los otros tres, respectivamente, a los tres ancestros. O bien se invita solamente a tres: uno para representar al difunto, otro para representar a los ancestros, y el tercero para representar a un grupo de dioses llamados "Todos los dioses", entre los cuales se distinguen Kāla, el Tiempo, y Kāma, el Deseo. (Para las ofrendas mensuales a los ancestros, los brahmanes invitados siempre son un número impar.) El deudo anuncia su propósito (*saṃkalpa*): "el recipiente que contiene el agua pura para el lavado de los pies y que está destinado al difunto, lo voy a unir a los recipientes destinados a los ancestros". Cuando ha recibido la autorización de los brahmanes invitados, vierte el contenido del recipiente del difunto en los recipientes de los ancestros, reservando una pe-

sacrificante, es su hijo. Las situaciones que se dejan aparte de este esquema, se tratan en un anexo. Una mujer, en principio, está destinada a convertirse en *mātṛ*, "Madre". En el mundo de los ancestros, su destino no puede disociarse del de su esposo. Sobre los ritos funerales para las mujeres, véase M. Winternitz, *Die Frau in den indischen Religionen*, I, Leipzig, Curt Kabisch, 1920, p. 15.

queña cantidad. El resto, lo ofrece como agua de hospitalidad al brahmán que representa al difunto, y el agua contenida en los otros tres recipientes, a los otros tres brahmanes. Lo que importa en esto es que el agua de estos tres últimos recipientes ahora contiene casi la totalidad del agua del primero. En efecto, es la persona misma del nuevo muerto la que se ha amalgamado con la persona de sus ancestros. A su vez, el deudo debe recitar durante esta operación las estrofas siguientes:

> Para los Padres que, iguales entre sí, de acuerdo entre sí, están en el reino de Yama, sea dispuesto un espacio, y el alimento, y el homenaje, y el sacrificio propio de los dioses. A los seres vivos de mi familia que, con iguales compromisos entre sí, están entre los vivos, que para ellos yo disponga la prosperidad y cien años en este mundo (VS XIX 45 *s.*)[27]

Después de lo cual el deudo confecciona cuatro bolitas del tamaño de un puño, hechas de arroz cocido, granos de sésamo, leche, cuajada, miel y manteca clarificada. Una de estas bolitas es destinada al difunto, las otras tres a los ancestros. El deudo fragmenta la primera en tres partes y pega cada una sobre las tres bolitas de los ancestros. Al término de la operación, la bolita del difunto perdió su forma, se amalgamó con las otras tres.[28] El ancestro más antiguo, el tatarabuelo del deudo y bisabuelo del difunto, ha sido desplazado por el recién venido: al avanzar, el rollo de tela de las generaciones hace caer al exterior al que estaba más alejado en el tiempo de los vivos. Pero hay que tener en cuenta que, materialmente, lo que ha desaparecido no es la bolita del tatarabuelo sino la bolita del nuevo muerto, cuya persona fragmentada ha venido a agregarse a la persona de sus tres ancestros. Dicho de otra manera, es la individualidad de cada uno lo que se desplaza. A cada uno de los destinatarios de las ofrendas le corresponde, no un trozo determinado de materia oblatoria, que sería sólo para él, que sería él mismo, sino un número de orden.

Tenemos aquí una notable combinación de continuidad, de trasmutación y de redistribución de unidades discretas. Lo que desaparece como bloque de materia autónoma, es el soporte de la persona del difunto. Pero lo que está abolido simbólicamente, en tanto miembro de grupo de los derechohabientes, es la persona que tenía por sopor-

[27] J. Gonda, *op. cit.*, p. 442 *sq.*
[28] S. Stevenson, *op. cit.*, p. 187 *sq.*

te una de las bolitas subsistentes. Para ocupar un lugar en el grupo de los ancestros, para ocupar el lugar dejado libre por el deslizamiento hacia delante de la cadena de las generaciones, el difunto perdió la forma de su sustancia: de este modo él también fue abolido como muerto. No se puede sino admirar, me parece, la fuerza y la simplicidad de la manipulación que efectúa esta despersonalización del muerto convirtiéndose en ancestro, y de manera general, este juego simultáneo con la cantidad (pasar de cuatro a tres) y con la calidad (transformar a un muerto en un ancestro de manera de volverlo apto para remplazar a un ancestro). Una vez que el nuevo difunto se incorpora a los ancestros, el deudo se vuelve a encontrar en la situación en la que estaba su padre antes de morir: está a cargo de los ancestros paternos pertenecientes a las tres generaciones que preceden inmediatamente la suya. De ahora en adelante, cada mes, a la hora de la siesta del día de luna nueva, ofrecerá un sacrificio mortuorio consistente en bolitas (*piṇḍa-pitṛ-yajña*) muy semejantes al rito de integración, con la diferencia de que habrá sólo tres bolitas, una para cada ancestro.

Las ofrendas regulares y ocasionales a los ancestros se llaman *śrāddha*. De las infinitas instrucciones y especulaciones que se originaron en estas ceremonias, observamos dos características:

Las bolitas y el agua no son las únicas ofrendas; también hay que dar a los ancestros telas y recipientes; y si el sacrificante —ya que este rito se considera como un sacrificio— está en la última etapa de su vida, también debe dar pelos arrancados de su pecho. Es porque él mismo está cerca de la muerte; al dar algo para cubrir el cuerpo de sus ancestros, prepara el momento en que irá a reunírseles (TB I 3,10,7).

Las ofrendas están, en principio, destinadas a ancestros a los que se puede nombrar y situar en la escala de las generaciones. Sin embargo, por precaución, la fórmula que se pronuncia para acompañarlas, es: "Esto es para ti, oh Tal..., mi padre [o mi abuelo, o mi bisabuelo] y para los que te siguen y a los que tú sigues" (TS I 8,5,1). Esto se presta, por otra parte, a que se pueda objetar que, diciendo a su padre: "para ti y los que te siguen", se incluye a sí mismo en esta lista, como si se ofreciera a sí mismo un *piṇḍa* mortuorio, lo que es de mal augurio (ŚB II 4,2,19).

¿Es legítimo considerar, como se hace aquí, que las bolitas no son sólo el alimento de los ancestros (son *ūśmapa*: se alimentan con vapor, *ūśma*, que se extrae de las bolitas calientes) sino también su mismo cuerpo? Es así si se tienen en cuenta ritos que preceden y preparan el *sapiṇḍīkaraṇa.* Estos ritos forman la "ofrenda fúnebre dirigida a uno solo" (*ekoddiṣṭa-śrāddha*), por oposición a los *śrāddha* mensuales y al ritual de integración que se hace dirigida a muchos, a saber, ancestros como grupo, grupo modificado por la llegada de un nuevo miembro.[29]

La idea que ilustra este rito "dirigido a uno solo", preparación necesaria para el *sapiṇḍīkaraṇa,* es que hay que dar al muerto reciente un nuevo cuerpo. En efecto, cuando ocurre la cremación, momento esencial de los funerales, el "cuerpo grosero" (*sthūla-śarīra*) del difunto es destruido por las llamas; su "cuerpo sutil" (*sūkṣma-śarīra*), se libera. Este cuerpo sutil es el que lleva la persona de vida en vida, de cuerpo en cuerpo, en la oleada incesante de los nacimientos. Pero entre dos nacimientos, entre dos ocupaciones de cuerpos vivientes, hay un intervalo en cuyo curso el individuo lleva una vida de ancestro, siempre que la vida que se acaba de terminar haya sido una vida humana. En los textos más tardíos de esta tradición (los Purāṇa), prolifera una vasta mitología para ajustar y enlazar dos maneras de concebir el más allá, que pertenecen a dos registros diferentes. Por una parte, está la doctrina védica expuesta en los textos más antiguos, según la cual el muerto, gracias a los ritos ejecutados para él por quienes están calificados para ocuparse de su duelo, y gracias también a los sacrificios que él mismo ha celebrado cuando estaba vivo y a sus obras meritorias, ocupa un lugar entre los Padres y puede, a pesar de su identidad lábil y el carácter provisorio de su estado, ser considerado un habitante del cielo y dispensar favores y bendiciones sobre sus descendientes. Por otra parte, está todo el sistema de pensamiento que aparece en las Upaniṣad, se afirma con el budismo y estructura el hinduismo posvédico: para un individuo dado, los actos ejecutados durante sus vidas anteriores son los que determinan, de manera ineluctable, la forma de vida, animal, humana o divina, que tendrá en el futuro.

Esta dos teorías heterogéneas, de algún modo, están combinadas en el hinduismo clásico, en la manera de concebir el cuerpo del muerto: antes de que el "cuerpo sutil" venga a alojarse en un cuerpo viviente individual, y para cumplir con las idas y venidas entre la tierra y el tribunal de Yama, que dará su veredicto sobre cómo será la próxima

[29] En las fórmulas con intención de "a uno solo", las formas de plural en las palabras dirigidas "a los Padres" en los *śrāddha* mensuales, se sustituyen por formas en singular. Las ofrendas *ekoddiṣṭa* son una "modificación" (*ūha*) de los *śrāddha* mensuales.

vida del muerto, el individuo necesita un cuerpo ritual, un cuerpo de difunto apto para transformarse en cuerpo de ancestro. Se considera que éste se constituye progresivamente, por las bolitas que, a intervalos regulares le ofrece el deudo, a partir del segundo día después de la cremación y hasta el día en que será admitido entre los ancestros. Las bolitas que, por su acumulación, van a formar el soporte material de estas transformaciones son, en la práctica descripta por S. Stevenson y J. Parry,[30] dieciséis o un múltiplo de dieciséis. En la tradición india, el "dieciséis" es el símbolo de la totalidad: cuando esta totalidad está realizada, cuando la decimosexta bolita ha sido ofrecida, el cuerpo está completo y listo para incorporarse a los cuerpos de los ancestros precedentes. Los Padres en actividad siempre aparecen como un conjunto. Cuando, por abstracción, es necesario enfocar la individualidad de uno entre los demás, se la reduce, al fin de cuentas, a un número ordinal. Además, como acabamos de ver, un número de partes es lo que deviene en todo, por virtud de este número mismo. Con razón, pero tomando esta expresión en un sentido absolutamente literal, se podría decir de los ancestros según el pensamiento ritual indio, lo que Bergson, parafraseando el *nos numerus sumus* de Horacio, hace decir a los espíritus invisibles que actúan misteriosamente en los pequeños sectores del mundo sin tener la individualidad de los dioses: "somos un número".[31] Pero hay una contrapartida para esta mecánica: la formación del cuerpo destinado a devenir ancestro es también, si no una gestación, al menos un desarrollo prenatal: en efecto, el término *piṇḍa*, "bolita de ofrenda funeraria", en la fisiología, como lo observa Parry, designa a la bola de materia viviente que, como resultado de la mezcla de esperma y sangre menstrual, constituye el embrión. Lograr un cuerpo ritual, figurado o constituido por los *piṇḍa,* después de la eliminación del cuerpo carnal por las llamas de la hoguera, es tener una especie de nacimiento.[32]

Los cuerpos que los descendientes deben producir para hacer la sustancia de sus ancestros, de ningún modo están destinados a perpetuar la presencia del muerto entre los vivos que aquél ha dejado. Los

[30] S. Stevenson, *op. cit.*, p. 172 ss.; J. Parry, *op. cit.*, p. 194 s.

[31] H. Bergson, *Les Deux Sources de la morale et de la religion*, París, PUF, 1932, p. 188 *sq.*

[32] J. Parry, *op. cit.*, p. 168. Si los ancestros pueden ser representados por los *piṇḍa*, que por otra parte, son su alimento, es porque también el término *piṇḍa* designa a todo tipo de masa redonda, de arcilla, pasta, metal, y que los Padres mismos son seres condensados.

piṇḍa, cuando han hecho su oficio de soporte, son eliminados rápidamente de una manera u otra: comidos por los vivos, consumidos o arrojados. Nada en esta construcción deja huella. El ancestro que se fabrica no coincide con el muerto tal como fue en vida, más que por su nombre y el lazo de parentesco proclamado por los sobrevivientes que toman a su cargo las sucesivas etapas de este culto. En realidad, se trata de asegurar el pasaje del difunto desde este mundo, donde no tiene más lugar, al más allá, y no de constituir un memorial. Ni siquiera un memorial verbal, ya que en ningún momento, en las plegarias e invocaciones que acompañan este ritual, se menciona algún elemento de la biografía del difunto. En resumen, estos seres "que han sido", desde el punto de vista de los que lo sobreviven, no tienen un pasado sino un porvenir.

HUELLAS

Existe todavía otro tipo de memorial en forma de sepultura, mejor testimoniado y mucho menos ambiguo que el *śmaśāna* descrito anteriormente: es la tumba de los ascetas "renunciantes" (*yati, saṃnyāsin*). Está reservada a los hombres que "renunciaron" tanto a los ritos como a la vida en sociedad. Lo que intentan, en principio, no es un renacimiento feliz consecuente con las acciones meritorias cumplidas, sino la "liberación", la certidumbre de escapar a la sucesión de nacimientos y de muertes indefinidamente repetidos.

La muerte del renunciante, la presencia de su cadáver, no son fuente de contaminación para sus parientes próximos, por lo que no tienen que observar conductas de duelo. Sus descendientes no le tienen que celebrar el culto de los Manes y queda la duda de saber si el renunciante tiene un rango en la serie de los ancestros o si, de golpe, queda fuera de la cadena genealógica. Una cosa es segura: la muerte no lo convierte en un *preta*. Cuando expira, o bien cae fuera del sistema, o bien es de entrada un *pitṛ*. Pero, sobre todo, al *saṃnyāsin* no se lo incinera sino que se lo entierra, y no furtivamente sino con gran pompa:[33] se cava una fosa, en general en el borde de un río; se introduce allí el cadáver, al que se lo pone en la posición de meditación lla-

[33] Sobre el entierro de los *saṃnyāsin*, véase Dubois, abate J., *op. cit.*, p. 284 ss.; W. Ca-

mada *samādhi.* Se cubre la fosa con sal, de modo que el cadáver esté firme, fijo en su postura por la masa de sal que lo rodea y que le llega hasta el mentón; sólo la cabeza sobresale; se le rompe el cráneo golpeándolo con un coco o un caracol: el alma alcanza con más seguridad el mundo de Brahman, dice la creencia popular, si se escapa por una abertura practicada en la extremidad superior del cuerpo. Arriba de esta fosa, alrededor de esta cabeza, se erige un túmulo, llamado también *samādhi.* Esta tumba es un verdadero lugar de culto, santuario, objeto de peregrinajes, ya que los hombres que se sienten espiritualmente ligados a este muerto (los parientes no se tienen en cuenta) vienen a conmemorar regularmente, con ofrendas, plegarias, abluciones, a aquel cuyos restos están depositados en ese sitio. La morada mortuoria del *saṃnyāsin* es, por lo tanto, muy diferente de los *śmaśāna,* esos siniestros campos crematorios, frecuentados por vampiros y espíritus inmundos, donde se reduce a cenizas el cuerpo de los hombres comunes mediante lo que es, sin embargo, un sacrificio al Fuego; diferente también de esas misteriosas tumbas, que como hemos visto anteriormente, parecían hechas para el olvido más que para la memoria, y a las que nunca se las menciona en las instrucciones relativas al culto de los muertos.[34]

¿Cómo habría que entender el contraste entre el tratamiento reservado al cadáver del hombre de mundo y aquel propio para el *saṃnyāsin*? A decir verdad, los textos no dan ninguna razón positiva para la inhumación de los renunciantes, pero se explican o sugieren explicaciones referidas a la imposibilidad de incinerarlos: el sacrificio de la cremación sólo puede cumplirse con los fuegos extraídos de los fuegos domésticos del muerto; ahora bien, el renunciante, al despojarse de todos sus bienes, está despojado también y en primer lugar, de sus utensilios de culto, y el momento crucial de la ceremonia de entrada en *saṃnyāsa* es aquel donde se apagan los fuegos sacrificiales. Pero de-

land, *op. cit.*, p. 93 ss.; P. Kane, *op. cit.*, p. 229 ss.; M. Biardeau, *Études de mythologie védique,* Pondichéry, Publications de l'École française d'Extrême Orient, t. II, 1981, pp. 116 y 132.

[34] En el hinduismo medieval y en el moderno, las estelas también son eregidas para perpetuar el recuerdo de las *satī,* estas mujeres que han llevado la piedad conyugal al punto de hacerse quemar vivas sobre la hoguera funeraria de sus esposos. Cf. M. Winternitz, *op. cit.*, pp. 55-85, especialmente, p. 67. También se ven en el Deccan "piedras de héroes", que conmemoran a guardianes del territorio divinizados. Véase especialmente a M. Reiniche, *Les dieux et les hommes,* París-La Haya, EHESS, Mouton, 1979, p. 201. Parece que se trata de prácticas cuyos textos normativos no existen.

bemos observar que al extinguirlos, no se los elimina verdaderamente: más bien se los absorbe o, según la expresión sánscrita, "se los hace montar sobre sí mismos" (*ātmany agnīn samāropya*) (Manu VI 25 y 38). La llama que desde ahora lleva con él, mantiene el *tapas*, la quemadura ascética que durará hasta su muerte y que consumirá, mientras esté vivo, las manchas y las consecuencias de los actos que ha acumulado: de manera que, cuando llegue la muerte, pueda evaporarse completamente, llegar a la "liberación" (*mokṣa*), es decir, alcanzar el absoluto (el *brahman*), ya que nada subsiste de lo que lo retiene en el círculo de los renacimientos. Cocido y hasta consumido de entrada por la llama del *tapas*, no tiene que someter todo su cuerpo a este último perfeccionamiento que es la cocción por el fuego del sacrificio funerario. Si, por alguna razón; sin embargo se lo quiere incinerar, es necesario, mediante fórmulas apropiadas, hacer salir de él los fuegos que ha incorporado. Es decir, tiene que transformarse en víctima de sacrificio. En realidad, esto no sólo es inútil sino también imposible: las víctimas de sacrificio son, en principio, animales domésticos. Ahora bien, el renunciante, rompiendo solemnemente sus lazos con la sociedad (con su pueblo, su familia, sus ritos), colocándose, como se dice en *Vaikhānasa-Smārta-Sūtra* V 8, más allá de las reglas y de los criterios sociales, y retirándose a la soledad de los bosques, se convierte él mismo en un forastero, semejante a un animal salvaje, y por lo tanto, impropio para el sacrificio.[35]

Tal es la paradoja. En el monumento erigido sobre el cuerpo del *saṃnyāsin* inhumado, lo que recibe arraigo espacial y definición temporal, no es el recuerdo de un individuo que habría marcado la vida de su época y de su grupo por sus actos, por transformaciones cuya iniciativa hubieran estado a su cargo y que, por lo tanto, podrían constituir un punto de referencia en una historia; al contrario, es el recuerdo de un errante, de un solitario apasionado por la autonomía, que ve en la coincidencia de su propio *ātman* el signo de su liberación, dicho con otras palabras, de su evasión hacia la eternidad.

Esta paradoja, por supuesto, sólo es plenamente válida para la In-

[35] La secta de los Lingāyat practica la inhumación, no la cremación. Cuando se recibe la iniciación, se incorpora el fuego, y se prohíbe "un segundo contacto con el fuego por la razón de que es absurdo y hasta sacrílego librar a la hoguera banal lo que ha estado unido al fuego de Śiva, lo que hace necesario, por lo tanto, inhumar los cuerpos de los renunciantes, de los monjes..." (J. Filliozat, "Temples et tombeaux de l'Inde et du Cambodge", *Comptes rendus de l'Académie des Inscriptions*, 1979, p. 50.)

dia brahmánica, tal como se la ha definido. Los otros periodos, otros aspectos de la India, sí ofrecen ejemplos de monumentos funerarios dedicados a los hombres legos, especialmente a reyes. Pero la forma de relación entre los vivos y los muertos que hemos percibido en el brahmanismo antiguo, caracteriza en lo esencial a la India hindú en su conjunto. Y arriesgándonos con un procedimiento muy discutible desde el punto de vista del método —establecer elementos ausentes y buscar lo que hace que se parezcan— podemos intentar sacar a la luz correspondencias entre la ideología funeraria brahmánica y algunos rasgos generales de la cultura india.

El servicio a los muertos, la institución de los muertos, representan un peso muy pesado en la vida de los indios que se sujetan al brahmanismo. Pero el lugar material dado a los restos humanos es nulo (salvo para aquellos que durante su vida quisieron ser móviles, ligeros, inmateriales). La duración de la vida de los Manes es breve. El culto que se les rinde no está hecho para darles o permitirles conservar un rostro (excepto, otra vez más, para aquellos que de entrada renunciaron a ocupar el rango de ancestro y buscaron suprimir, como personas hasta las decisiones de su vida individual). Sin espacio y con poca duración, estos muertos indios, tan vigorosamente presentes, sin embargo, por los ritos que imponen, hacen pensar en la débil territorialidad que caracteriza a la cultura india, en lo que podríamos llamar acronía, y finalmente, en el predominio de la organización social por encima de las distinciones locales y temporales: sabrosos para la sociología, los textos brahmánicos y la literatura sánscrita en general, como se lo ha observado muchísimas veces, dejan hambriento al geógrafo y son la desesperación del historiador.

Las particularidades regionales del mundo indio son mencionadas en estos textos sólo excepcionalmente y de manera superficial. Por el contrario, es una idea bien difundida que la India está formada por zonas casi concéntricas donde la vida religiosa se vuelve menos pura a medida que se aleja del Doab, entre el Ganges y el Yamunā. Pero, más reveladores aún que esta falta de interés por la localización, nos parece la posibilidad de llamar Ganges a todo río al que se le reconozcan las mismas virtudes santificantes que las del río epónimo, y sobre todo, al hecho de que la orientación, la especulación sobre los puntos cardinales y las posiciones relativas, aparecen permanentemente en las instrucciones sobre los ritos, mientras que las referencias locales fijas rara vez se mencionan. Por último señalamos, sin desarrollarlo aquí, que para los textos brahmánicos y quizá todavía en la realidad actual, el pueblo, *grāma*, es un conjunto de grupos sociales más que un territorio estable o bien delimitado.[36]

En cuanto a la historia, hay que volver a repetirlo, está totalmente ausente en los textos brahmánicos: no se consigna en ella ningún acontecimiento humano "histórico", oscilando entre el pasado mítico de los orígenes y un presente inmutable. La única "periodización", la única mención de un antes y un después concierne a la sucesión de las etapas del mundo y los ciclos cósmicos. Sin duda, no es toda la India la que está contenida en estos textos. El historiador dispone de innumerables documentos que le permiten localizar los cambios. Pero se sorprende ante la rareza y la pobreza de la crónicas hindúes y se siente desconcertado por las numerosas y graves imprecisiones cronológicas. Estas carencias denotan una notable ausencia de preocupación histórica: no se hacen esfuerzos por conservar el recuerdo de lo que fue y ya no está. Los únicos cambios históricos, los únicos acontecimientos propiamente humanos que registra la literatura brahmánica, observa Sylvain Lévi, se refieren a la práctica ritual, es decir, precisamente a lo que se considera que emana de una autoridad atemporal y que permanece inmutable.[37] Indiferencia de la memoria frente a los sucesos, que contrasta increíblemente con su actividad, su vigilancia, hasta su inventiva, cuando se trata de recibir, conservar y transmitir el depósito inmemorial de los textos.

"LA MUERTE VIGILA A LOS SERES"

Esta maquinaria ritual que produce ancestros que borran las huellas de los muertos, ¿qué consecuencias tiene en los afectos? La doctrina y la práctica funerarias, ¿cómo marcan el duelo personal? Los textos literarios sánscritos ofrecen muchos ejemplos de la intensa pesadum-

[36] Estas observaciones demasiado generales no son válidas, es necesario repetirlo, más que para el vedismo. Pero, en cierto modo, se aplican al conjunto de la literatura expresada en sánscrito. Por el contrario, un historiador como R. B. Inden insistió en la importancia de la territorialidad y en el pueblo como territorio y marco social en la India medieval y moderna (R. Inden, *Imagining India*, Bloomington, Indiana University Press, 1990). Sobre la India y su historia, la controversia, antigua y apasionada, sería más clara si se abordara esta cuestión: ¿qué juzga la India como memorable?

[37] S. Lévi, *op. cit.*, p. 138.

bre, el abatimiento y la desesperación que pueden afectar a una persona frente a la muerte de alguien cercano. Y estos mismos textos también abundan en sentencias, puestas en boca de algún sabio, sobre el carácter vano y hasta peligroso, de esta tristeza. El género de la "consolación", con sus ambigüedades, sus sofismas, su propensión a emplear cualquier recurso, no es deconocido en la India. Para terminar este capítulo, tenemos un espécimen de esta forma de complicar en el rito los estereotipos de la sabiduría con la violencia del dolor. Se trata de un largo poema de Kālidāsa (siglo V o VI de nuestra era) titulado *Raghuvaṃśa*, "El linaje de los hijos del sol".[38] En este poema claramente genealógico, donde el hijo llora la muerte del padre, hay lugar también para el duelo entre esposos. El libro VIII está dedicado al rey Aja, hijo de Raghu y esposo de Indumatī. Poco antes de morir, Raghu se había hecho "renunciante" y había dejado el reino a cargo de su hijo.

Cuando comprendió que su padre se había despojado de su cuerpo, Aja dejó correr por largo tiempo sus lágrimas. Después celebró el rito fúnebre en compañía de los ascetas, rito desprovisto de fuego... Aquellos que abandonan el cuerpo por esta vía no tienen ningún apetito del arroz que sus hijos les presentan... "Vuestro padre ha llegado al punto supremo; su condición no es para lamentarse", le dijeron aquellos que saben la gran verdad. Entonces calmó su dolor y, con la cuerda en el arco, gobernó al mundo sin rival..."

Pero sucede que, durante un paseo, la reina Indumatī es alcanzada por una misteriosa guirnalda que, empujada por el viento, se mete entre sus senos. Apenas la toca, la reina muere.

"El rey se lamenta con lágrimas y sollozos; su confianza lo había abandonado; cuando se lo calienta, hasta el hierro se ablanda: cuánto más el cuerpo de los humanos..." La queja del rey, lírica y refinada, se desarrolla en veinticinco estrofas. Finalmente decide entregar a su esposa, "adornada con ornamentos fúnebres, al fuego alimentado por aloe negro. 'Estaba muerto de tristeza por su mujer pero, sin embargo, él era rey': es por temor a que se lo reprochen, que no se arroja a las llamas con la reina, y no, ciertamente, por amor a la vida..."

Entonces recibe de su maestro esta serie de exhortaciones:

deja, pues, de pensar en su fin: la muerte vigila a los seres desde su nacimien-

[38] Reproduzco con algunas modificaciones la traducción de L. Renou: 1928.

to. Protege esta tierra, portadora de riquezas: los reyes son los esposos de la tierra... ¿Cómo podrás, llorando, hacerla volver? No podrías recuperarla, aunque murieras en seguida. Aquellos que entre los mortales participan del otro mundo, siguen, según sus actos, distintos caminos... La naturaleza fundamental de los seres corporales, dicen los sabios, es la muerte: la vida no es más que una desviación. Que una criatura permanezca un solo instante vivo, ya es un favor.

Estas palabras no producen ningún efecto. El rey sobrevive a duras penas unos años, el tiempo suficiente para guiar la educación de su hijo. Lo que lo sostiene es la contemplación de los retratos de su bienamada, y sus encuentros con ella en sus sueños: "fiestas de un instante".

Por último, "el dardo del dolor rompió su corazón... decidió dejarse morir de hambre".[39] Para este paroxismo de deseperación, para esta soledad total, se prevén los ritos, pero no para traer remedio sino para darles forma: "Hay un lugar consagrado donde confluyen las aguas del Jahnavī y el Sarayū...: allí deja sus despojos."

[39] Sobre las formas ritualizadas de suicidio, véase P. Kane, *op. cit.*, vol. IV, p. 605.

EL SACRIFICIO DE LOS HUESOS

En el ritual védico y brahmánico[1] se hace una distinción muy clara y de grandes consecuencias entre el sacrificante, por una parte, y los oficiantes, por otra. El sacrificante (*yajamāna*) es aquel que toma la iniciativa de ofrecer un sacrificio: asume todos los gastos y debe recoger los beneficios, los "frutos" (*phala*) que resultarán de sus ofrendas. Es realmente el "amo del sacrificio": tal es el sentido del término *yajñapati*, a veces empleado como sinónimo de *yajamāna*. Su acción, como compromete constantemente a su propia persona, está dada con el verbo *yaj*, "ofrecer un sacrificio", en la voz media (*yajate*). Por el contrario, los oficiantes (*ṛtvij*) son técnicos, especialistas en las operaciones rituales, "sacerdotes", si se quiere, que ponen todos sus conocimientos y competencias al servicio del sacrificante, quien debe remunerarlos: los honorarios rituales (*dakṣiṇā*) que reciben del sacrificante son la ventaja más importante a la que apuntan;[2] los gestos que les indican ejecutar sobre el terreno del sacrificio, los textos que recitan o cantan, todas estas prestaciones se hacen por cuenta del sacrificante. Y en tanto actúan por otro, su acción se expresa también por el verbo *yaj*, pero en voz activa (*yajati*), y más frecuentemente, en causativo (*yājayati*): los oficiantes, por sus servicios, hacen posible el rito emprendido por el sacrificante, hacen que el sacrificante sacrifique.

Dos fórmulas permiten dar cuenta de la relación entre el sacrificante y los oficiantes. En principio, hay una afinidad entre ellos: todos están animados por el deseo (*kāma*) pero el *kāma* del sacrificante son los frutos del acto del sacrificio, el más precioso y frecuentemente evocado es el cielo (*svarga*), es decir, un lugar en el mundo celeste después de la muerte; mientras el *kāma* de los oficiantes es obtener ricos *dak-*

[1] Se trata aquí del ritual tal como se presenta en estos tratados del sacrificio que son los Brāhmaṇa, parte integrante de la Revelación védica, y tal como está definido y expuesto sistemáticamente en las recopilaciones de reglas llamadas Kalpa-Sūtra, que constituyen una de las "ciencias auxiliares del Veda".

[2] Sobre la *dakṣiṇā*, véase Ch. Malamoud, "Terminer le sacrifice...", Madelaine Biardeau y Charles Malamoud, *Le sacrifice dans l'Inde ancienne*, París, PUF, 1976, pp. 156-204.

ṣiṇā. (Por supuesto, estas riquezas pueden ser, para el *ṛtvij*, el símbolo o el origen de bienes mucho más preciados: la inmortalidad, la alegría, la fuerza, exaltadas con fervor, por ejemplo en *Śatapatha-Brāhmaṇa* IV 3,4, 28-31.) Estos dos *kāma* convergen, se garantizan unos a otros y su encuentro permite la realización del sacrificio.[3] En segundo lugar, recordemos que el sacrificante, para poder comenzar el sacrificio, debe someterse a una serie de reglas de carácter ascético que constituyen para él una especie de consagración o de iniciación, *dīkṣā*.[4] Esta *dīkṣā* está conferida por uno de los oficiantes; pero los oficiantes no van a recibir esta *dīkṣā*. El sacrificante se convierte en un "consagrado", un *dīkṣita* por la acción de los oficiantes que no son *dīkṣita*, ni lo van a ser, ya que no están involucrados en el sacrificio más que por la ayuda que proporcionan. Pero hay que observar que el sacrificante no es solamente el comanditario y el beneficiario del sacrificio; también él tiene su parte en el desarrollo del rito mismo: hay fórmulas de plegarias que pronunciar, gestos rituales que ejecutar, que son elementos indispensables del sacrificio y que únicamente el sacrificante puede pronunciar y ejecutar.

¿Qué condiciones hay que cumplir para ser el sacrificante de un sacrificio solemne? (Aquí consideramos sólo las reglas del culto *śrauta*,

[3] Sobre la manera en que el *kāma* del sacrificante responde al *kāma* del oficiante, véase J. Gond, *The savayajñas*, Amsterdam, N. V. North Holland Publishing Company, 1965, p. 23 (a propósito de AS III 29,7). Que el sacrificante sea el "amo" y el oficiante un "trabajador" retribuido, no implica que el primero sea jerárquicamente superior al segundo. El *ṛtvij* es, por definición, un brahmán, puede pertenecer a un linaje ilustre, es un dios sobre la tierra, y sobre todo, hay que tener en cuenta que si da servicios, recibe bienes: ahora bien, la posición de quien recibe bienes implica una superioridad sobre el que los da, al menos en el marco del rito; recibir es ser, hacer, como los dioses. Ciertamente se alaba a los dioses por ser generosos, pero por su posición, estructuralmente, los dioses son quienes reciben o aceptan recibir la oblación del devoto.

[4] La *dīkṣā* es tema de un estudio muy detallado en la obra de J. Gonda, *Change and continuity in indian religion*, La Haya, Mouton, 1965, pp. 315-462. La *dīkṣā* védica no es una consagración permanente, es la fase preliminar de todo sacrificio solemne. Es necesario someterse a la *dīkṣā* cada vez que se ofrece un sacrificio de este tipo. En cambio, la *upanayana*, "iniciación" (en el estudio del Veda), es un rito del ciclo de la vida: este "segundo nacimiento" se adquiere una vez para siempre. La estrecha asociación entre la *dīkṣā* del sacrificante y la *dakṣiṇā* de los oficiantes, y el papel primordial que estos procedimientos juegan en la estructura del sacrificio, están bien expresados por los filósofos *mīmāṃsaka* mediante la regla llamada *dīkṣādakṣiṇānyāya* (JS III 7,11 *sq.*) y en la definición de Śabara ad Jaimini X 2,26: *dīkṣitam adīkṣitā dakṣiṇāparikrītā ṛtvijo yājayanti*, "los oficiantes, que no están consagrados y que no son remunerados por los *dakṣiṇā*, hacen que el sacrificante, que está consagrado, sacrifique".

los ritos prescriptos por la *śruti*, es decir, el Veda en como Revelación: es el objeto de una "audición" contenida en un texto que está destinado a ser transmitido oralmente a quien es digno de escucharlo.)

He aquí cómo el Kalpa-Sūtra de Kātyāyana los enuncia (KātyŚS I 1, 3-7):[5]

- Es necesario pertenecer a la especie humana. Se rechaza así la idea de que dioses, demonios o animales también pudieran asumir el papel de *yajamāna*. Esta idea, sin embargo, no es absurda: los comentadores observan que ningún texto del mismo Veda reserva sólo a los hombres la acción del sacrificio, excluyendo a todos los otros seres. Podemos incluso agregar que el Veda menciona frecuentemente sacrificios ofrecidos por los dioses, Asura demoniacos y hasta vacas; pero es verdad que se trata de acontecimientos referidos a a la mitología y de los que siempre se dice que se produjeron en el origen de los tiempos; ahora bien, los Śrauta-Sûtra, que forman parte de los "miembros" (*aṅga*) del Veda, no del cuerpo védico mismo, tienen por objeto describir y clasificar los ritos védicos y de mostrar concretamente cómo hay que ejecutarlos; los ritos mitológicos que, en los textos védicos propiamente dichos, tratan de la razón de ser o del "simbolismo" de los ritos, no son de su dominio.
- Entre los hombres, sólo se admiten para emprender un sacrificio solemne y, en consecuencia, someterse a la consagración previa, *dīkṣā*, a aquellos que no tengan una enfermedad corporal grave.
- Es necesario ser instruido en el Veda, o al menos, conocer los textos védicos que le corresponden al sacrificante recitar durante la ceremonia.
- Hay que pertenecer a una de las tres primeras clases (uno de los tres primeros *varṇa*) de la sociedad brahmánica. En efecto, sólo los brahmanes, los *kṣatriya* y los *vaiśya* reciben la *upanayana*, iniciación que equivale a un segundo nacimiento y por la que se accede al aprendizaje del Veda.
- Por último, pero esto es objeto de una reñida discusión, hay que ser de sexo masculino. La mujer también es sacrificante y apta para recibir la *dīkṣā* si satisface las condiciones que se acaban de enumerar. Pero dado que las muchachas no tienen derecho a la inicia-

[5] Nos referimos a la edición de Kāsī, *Acyutagranthamâlâkâryâkaka*, samvat, 1987 (con el comentario —moderno— llamado *Saralavṛtti*).

ción al Veda, es sólo como esposa (*patnī*) del sacrificante como la mujer juega un papel en el sacrificio. Recíprocamente, un hombre no puede ser *yajamāna* si no tiene una esposa junto a él. El verdadero sacrificante es, en realidad, la pareja que el *yajamāna* forma con su *patnī*.

A las condiciones que nos da a conocer Kātyāyana, conviene agregar por lo menos otras dos, extraídas de textos de la misma naturaleza: para ser *yajamāna* es necesario ser ritualmente puro, no estar manchado por hechos contaminantes como son una muerte reciente, o un nacimiento en la familia cercana; además, hay que respetar la gradación de los sacrificios: sólo se puede emprender un sacrificio complejo si se ha completado toda la serie de sacrificios más simples.

Pero, por detalladas que sean estas listas de condiciones, carecen de la mención explícita de un dato no obstante primordial: para emprender un sacrificio es necesario estar vivo. Se puede suponer que esta regla, que no es una perogrullada, está incluida de alguna manera en la que prohíbe a los lisiados el papel de sacrificante.

De todos modos hay una circunstancia ritual donde esta evidencia se cuestiona y donde vemos que un muerto puede tener la categoría o ejercer la función de sacrificante; en todo caso, es lo que dan a entender, de manera elíptica, es verdad, ciertos textos védicos a propósito del *asthiyajña*, "sacrificio de los huesos", rito que tiene lugar en este tipo particular de sacrificio llamado *sattra*, literalmente, "sesión".[6]

La sesión del sacrificio se distingue del sacrificio normal, en principio, por su duración: una "sesión" abarca por lo menos doce días y puede llegar a todo un año o a doce años, y los textos nos muestran sesiones míticas de cientos y de miles de años.[7] Numerosas acciones que en el sacrificio ordinario se hacen de pie, exigen en el *sattra* la postura sentada; el hecho de estar sentado es tan característico del *sattra* que, para decir "poner fin al *sattra*" se emplea el verbo "levantarse" (*utthā*). Pero sobre todo, mientras el sacrificio ordinario lo realiza un único sacrificante (o, mejor, la pareja que forma con su esposa), sacrificante que como hemos mencionado, ocupa los servicios de todo un equipo de oficiantes especializados, en la "sesión" hay nume-

[6] Sobre los *sattra*, véase P. Kane, *History of Dharmaśāstra...*, Poona, Bhandarkar Oriental Resaarch Institute, II, 2, 1941, pp. 1239-1246, y A. B. Keith, *The religion and philosophy of the Veda and Upanishads*, Cambridge, Mass., 1925, pp. 349-352.

[7] Cf. por ejemplo, PB XXV 8 y 9.

rosos sacrificantes, generalmente diecisiete y como máximo veinticuatro: múltiples sacrificantes actúan juntos como una especie de sacrificante colectivo, y asumen unos respecto de los otros, los papeles de sacerdotes oficiantes.[8] Que todos los sacrificantes también estén en condiciones de ser oficiantes, *r̥tvij*, supone que no es suficiente que pertenezcan a uno u otro de los *varṇa* de los "dos veces nacidos", es necesario que sean brahmanes, ya que sólo los brahmanes tienen las cualidades para ser *r̥tvij*. Cada uno de los sacrificantes-oficiantes recibe de uno de sus compañeros la *dīkṣā*, la "consagración" que le permitirá ofrecer su sacrificio. Aquí se respeta la regla que indica que es por la acción de un *r̥tvij* no consagrado como el *yajamāna* se convierte en consagrado: un sacrificante no puede conferir la *dīkṣā* a uno de sus compañeros si él mismo no la ha recibido.[9] Los procedimientos que en el sacrificio normal regulan las relaciones entre el sacrificante y los oficiantes que éste emplea, no tienen razón de ser en la "sesión": en el *sattra* no encontramos ni elección de los oficiantes por el sacrificante, ni pago de honorarios, ni la celebración del *tānūnaptra*, rito por el cual, desde el comienzo de la ceremonia, el sacrificante y los oficiantes se comprometen a colaborar lealmente y a no tratar de perjudicarse.[10] La solidaridad entre los múltiples sacrificantes de un *sattra* es, pues, de una naturaleza totalmente distinta de la que relaciona, en el sacrificio normal, al sacrificante único con el equipo de los *r̥tvij*: en este caso la relación es funcionalmente contractual, une a hombres a los que les indica a la vez que, en el dispositivo del sacrificio, ocupan funciones y categorías diferentes; y hemos visto que el sacrificante y los oficiantes no están animados por el mismo deseo. Por el contrario, en el *sattra*, los sacrificantes-oficiantes forman un grupo de seres semejantes. Sólo secundariamente, una vez bien establecida la identidad de este sacrificante colectivo, se separará de este conjunto a un individuo que, en el plano de las operaciones rituales solamente, tendrá la parte del *yajamāna*: es al que se llama el *gr̥hapati*, "dueño de casa".

---

[8] Reglas concernientes a los *sattra*, en ĀpŚS, libro XXIII y KātyŚS, libro XIII.

[9] Por lo tanto, es necesario que el último que va a ser consagrado, lo sea por un hombre que no esté destinado a ser consagrado y, por ello, esté fuera del sacrificio. Cf. ŚB XII 1,1,10: "por ello se dice: 'aquel que es puro, no debe purificar' (*na pūtaḥ pāvayed ity āhuḥ*)".

[10] Sobre el *tānūnaptra*, cf. Ch. Malamoud, *Cuire le monde*, París, La Découverte, 1989, pp. 229-240.

Es necesario tener bien presente estos principios del sacrificio védico para comprender el rito que vamos a examinar ahora y que tiene el nombre de *asthiyajña*, el "sacrificio de los huesos".

LA CUESTIÓN DEL SUSTITUTO

En los textos que forman el Veda propiamente dicho, en los manuales que exponen las reglas que deben seguirse para ejecutar correctamente los ritos prescriptos por el Veda y en los razonamientos y discusiones de los filósofos *mīmāṃsaka* que fundan su doctrina sobre la exégesis de las prescripciones védicas, se encuentra el siguiente problema: ¿qué hacer cuando uno de los sacrificantes-oficiantes comprometidos en un *sattra* muere antes que la ceremonia se termine? En el sacrificio común, la muerte del sacrificante significa, de algún modo automáticamente, el detenimiento de la ceremonia. La situación en el *sattra* es diferente, ya que la muerte de uno de los participantes lesiona, disminuye, el cuerpo colectivo de los sacrificantes-oficiantes, pero no entraña su desaparición: hay una obra común que efectuar y los resultados benéficos de esta obra deben llegar a todos los que están implicados en ella. "Los hombres que reciben la consagración para celebrar un *sattra* actúan en vistas de un sacrificio común, por un mérito del que se beneficiarán en común" (JB I 345).[11] La muerte de un elemento del grupo no tiene por qué ser un obstáculo para obtener este resultado, ni para los sobrevivientes ni para el difunto. Veamos: el muerto necesita a los sobrevivientes, pero también los sobrevivientes necesitan al muerto. Es decir que el mismo muerto, en tanto participante del sacrificio hasta que el sacrificio se acabe, tendrá una especie de sobrevida en el terreno del sacrificio, sobrevida que evidentemente no hay que confundir con la existencia que le espera en el más allá.

He aquí, pues, cuál es el camino a seguir, según el *Kātyāyana-Śrauta-Sūtra* XXV 13, 28-46. Si uno de los participantes en el *sattra* muere, sus compañeros deben incinerar inmediatamente su cadáver, sea en un nuevo fuego producido por fricción (fuego *manthya*) hecho especialmente para ello, sea en un fuego extraído del fuego llamado *śāmi-*

[11] Ejemplo de *sattra* (mítico) que termina en confusión porque los participantes vieron en él beneficios diferentes, en JB III 234.

tra. (El fuego *śāmitra* es el fuego del "verdugo", *śāmitṛ*; instalado en el exterior del terreno del sacrificio pero cerca del ángulo nordeste; en los sacrificios que incluyen matanza de animales se utiliza, normalmente, para la cocción de las partes comestibles de la víctima, una vez que ha sido descuartizada. Que este fuego *śāmitra* pueda servir, aunque de manera mediata, para la cremación de un sacrificante, es una ilustración inesperada pero palpable de la idea, muchas veces afirmadas en los textos védicos, de que el cadáver que se hace quemar es una ofrenda de sacrificio al dios Agni.)[12] Esta cremación no es total: deja enteros los huesos, que se los recoge y acomoda en una bolsa hecha con piel de antílope negro, símbolo del sacrificio, que el difunto debe tener permanentemente cerca de él desde el momento en que ha sido "consagrado". Se coloca esta bolsa cerca del fuego *mārjālīyā*, instalado en la parte sur del terreno de sacrificio. (Este fuego sirve para "purificar" los diversos recipientes y utensilios necesarios para el rito.) Puede darse el caso, aunque los textos no lo digan explícitamente, que los ritos funerarios que acompañan normalmente a la cremación no se hayan ejecutado y que el muerto, en consecuencia, todavía no esté afectado por las transformaciones que deben hacer de él un ancestro, *pitṛ*; sus restos, se observa, no profanan el lugar del sacrificio, el acontecimiento de su muerte no es causa de duelo para su familia ni impide que sus allegados celebren ritos.

Sus compañeros designan a uno de sus parientes más próximos para remplazarlo. Lo hacen pasar por los ritos de consagración que lo convierten en un *dīkṣita.* Los textos no dan detalles ni explican cómo se pudo encontrar en esta situación, dentro de este equipo de sacrificantes, a un no *dīkṣita* que esté capacitado para conferir la *dīkṣā* a este recién llegado. Y con este sustituto, *pratinidhi*, incluido en el grupo, los sobrevivientes llevarán el sacrificio a su término. Pero se observará que la esposa del muerto continúa ejerciendo su función de *patnī*: ella no fue remplazada por la esposa del sustituto.

El muerto, por lo tanto, no solamente está representado sino también efectivamente presente: por una parte, con sus huesos; por otra, por su esposa, que es como una parte de él mismo.

La ceremonia sigue su curso normal, con las modificaciones siguientes. Se trata del *sattra*, que, como lo es en general, consiste en

[12] Cf. ṚS X 16,5 y los textos de los Sūtra rituales citados por W. Caland, *Das Jaiminīya-Brāhmaṇa*, 1919, p. 278.

una forma ampliada de la ofrenda de *soma*. Básicamente, el rito consiste en aplastar los tallos de la planta *soma* para extraer su jugo (las operaciones de prensado, *savana*, se hacen tres veces por día) y extraer del líquido así obtenido "aguas" (*graha*) con las que se harán libaciones después de haberlas filtrado. En el caso que estamos examinando, es necesario que las prensadas sean previas al programa de ese día, pero antes de proceder con las "aguas" y las libaciones, aquellos sacrificantes-oficiantes que se especializan en ser cantantes (*udgātṛ*) volviéndose hacia el ángulo sudeste del terreno de sacrificio, o bien instalándose al norte de la hoguera *mārjālīyā*, ejecutan una cantata en trío (*stotra*): la melodía (*sāman*) es característica del dios de la muerte Yama, ya que la finalidad es ayudar al muerto a alcanzar el reino de Yama; en cuanto a la letra, son las tres primeras estrofas del himno*Ṛk-Saṃhitā* X 189. Este poema, tradicionalmente atribuido a la Reina de las serpientes es, fundamentalmente, una invocación al Sol y no tiene una clara relación con la situación. Pero se puede leer en *Pañcaviṃśa-Brāhmaṇa* IX 8,8 que la serpiente mítica Arbuda se despoja de su piel muerta gracias a sus estrofas y el texto agrega que, recitando estas estrofas, los sacrificantes-oficiantes también se despojan de su piel muerta.[13] Tenemos aquí, por lo tanto, una relación con numerosos ritos apotrofaicos incluidos en los funerales: los vivos se dedican a facilitar la partida del muerto y se deshacen de lo que, para ellos, es un signo de la presencia de este muerto. Que se trata de un elemento de rito funerario está bien probado por el hecho de que los cantores deben llevar el cordón de sacrificio sobre el hombro derecho, y no sobre el izquierdo, como es adecuado cuando el rito está dirigido a los dioses

[13] La misma instrucción en TB I 4,6 *sqq.*, con una interpretación un poco diferente: la Reina de las serpientes es la tierra. Al recitar las estrofas de la Reina de las serpientes al tiempo que se cumple este rito, se confía la muerte a la tierra (es decir, a este mundo donde estamos). Este mismo texto muestra cómo, combinando las estrofas a Yama con las estrofas a la Reina de las serpientes, se confía la muerte a los dos mundos, el mundo de aquí abajo y el mundo del más allá; después, al dar tres vueltas alrededor del fuego, se le evoca al sujeto de esta muerte, el triple mundo (tierra, espacio intermedio, cielo); por último, en esta versión, se prescribe hacer una triple circunvalación dos veces: el total de seis corresponde a las seis estaciones del año. Por estos ritos, y por esta interpretación de los textos que recitan y de los gestos que hacen, los sobrevivientes se liberan del pecado que significaría que un muerto que no hubiera sido tratado correctamente esté presente entre ellos; así ganan para sí mismos, una larga vida. Como bien lo dice el comentador Bhaṭṭa Bhāskaramiśra ad TB I 4,6,11, aquí no se trata de un *pretopacara*, un homenaje al difunto, sino de un rito de reparación destinado a proteger a los sobrevivientes de una muerte prematura.

o a los hombres con vida, y porque su rostro mira hacia el sur, punto cardinal de los muertos. Mientras recitan, o inmediatamente después, dan tres vueltas alrededor de la hoguera *mārjālīyā*, golpeándose el muslo izquierdo y teniendo a su izquierda el objeto sobre el que están girando, movimiento *apasalaiḥ* (o *prasavyam*), que es una característica del ritual funerario.

El sustituto, por lo tanto, no elimina completamente a la persona que remplaza. Sin embargo, aunque el muerto esté presente en el área de sacrificio, los ritos alrededor del fuego *mārjālīyā* muestran que hay conciencia de que este hombre, por más que ocupe un lugar en el dispositivo del sacrificio, está muerto y destinado a reunirse, en el reino de Yama, en compañía de los ancestros. Los textos (PB IX 8,11; JB I 345) recuerdan que se apartan del camino aquellos que ofician [literalmente: "actúan", *kurvanti*] por un muerto, o que "mueren aquellos que sirven de oficiantes de un muerto". Las ceremonias en torno de la bolsa con los huesos protegen de estos riesgos a los participantes y constituyen un rito de reparación para el sacrificio, lesionado por el fallecimiento de uno de ellos y puesto en peligro por la presencia de un cadáver en el terreno. También ésa es la función asignada a la recitación del terceto *R̥k-Saṃhitā* IX 66,19-21, que tiene lugar cuando se retoma la secuencia normal de las prensadas y las libaciones: estas invocaciones a Agni purificador y dador de larga vida están destinadas a desviar las impurezas y la desgracia en los sobrevivientes. Pero estos ritos también son un medio para tranquilizar (*nir-ava-day*) al muerto, asegurándole que obtendrá la parte a la que tiene derecho (*apibhū*) desde el momento en que se convirtió en *dīkṣita*.

Después de un año (¿un año a partir del comienzo del *sattra* o después de la muerte del sacrificante o después de finalizar el *sattra*? Los textos son imprecisos, salvo *Kātyāyana-Śrauta-Sūtra* XXV 13,36 que afirma claramente: un año después del fin del *sattra*) tiene lugar el *asthi-yajña* propiamente dicho. Se lo define como una ofrenda de *soma* (del tipo *jyotiṣṭoma*) en la cual el papel del sacrificante está referido a los huesos, mientras los otros participantes sirven de oficiantes de este esqueleto. Leemos en *Kātyāyana* que las tareas rituales que incumben al *yajamāna* y que los huesos no puede cumplir, deben ser ejecutadas por el *pratinidhi*, el sustituto que, como hemos visto, ha sido designado de inmediato a la muerte del sacrificante para remplazarlo en el *sattra*. Esto hace pensar, sin que podamos estar seguros, en que esta segunda etapa es una prolongación o una especie de reanudación del *sattra* mismo, que son las mismas personas que se vuelven a encontrar y que la estructura del *sattra* se reproduce, es decir, que los hombres que rodean los huesos del muerto o les atribuyen la categoría de sacrificante, no son para él simples oficiantes sino compañeros de *sattra,* los sacrificantes-oficiantes.

Concretamente, para que se entienda bien, el hecho de que en este rito se considere al esqueleto como un sacrificante significa que, cada vez que el orden de la ceremonia exige la ejecución de cantatas a trío (*stotra*), el hombre que está encargado de las funciones de oficiante, *adhvaryu,* va a buscar la bolsa con los huesos y la coloca a su lado, mientras que el resto del tiempo esta bolsa queda junto al fuego *mārjālīyā.* Por otra parte, cuando llega el momento en que todos los participantes del sacrificio beben los restos de *soma* (ofreciéndose la bebida mutuamente), una vez que se hicieron las libaciones a los dioses, la porción que normalmente hubiera sido bebida por el que está muerto, es arrojada al fuego *mārjālīyā.* Después, siempre siguiendo el *Kātyāyana,* cuando este *asthiyajña* ha terminado, los huesos y los recipientes pertenecientes al muerto se depositan en alguna parte del bosque. O bien se procede a una segunda cremación de los huesos, y comienza a continuación toda la serie de ritos que constituyen los funerales propiamente dichos.

Para los filósofos de la escuela Mīmāṃsā, estas distintas maneras de proceder relativas al sacrificante muerto en el curso del *sattra,* han sido ocasión de discusiones a nivel jurídico, pero que, en definitiva, tratan sobre algunos conceptos fundamentales del ritual.

En principio está la cuestión del sustituto. En su comentario a *Taittirīya-Brāhmaṇa* I 4,6, Sāyaṇa reproduce la argumentación de Śabara ad *Jaimini-Sūtra* VI 3: es una regla bien establecida que en el sacrificio védico no puede haber sustituto ni para la divinidad a la cual está destinada la ofrenda, ni para el fuego donde se prescribe que se debe verter la ofrenda, ni para los *mantra* que conviene recitar en tales circunstancias, ni para la acción propiamente dicha (VI 3,18). Y tampoco podría plantearse remplazar al sacrificante por otro hombre (VI 3,21). Pero en esta forma especial de sacrificio que es el *sattra* es necesario tener en cuenta que el sacrificante tiene una doble función (*kāryadvayam*): es el *phalin,* el *phalabhoktṛ,* el que está destinado a consumir el "fruto" (*phala*) que debe producir el rito si se ha ejecutado correctamente; y por otra parte, también es un agente (*kartṛ*) en el desarrollo de las operaciones de sacrificio, en consecuencia, tiene que cumplir cierto papel sacerdotal. En tanto beneficiario consumidor de los frutos del sacrificio, el sacrificante muerto no puede tener sustituto. El beneficio del acto de sacrificio está reservado al sacrificante inicial, cualquiera que sea la manera en que lo pueda disfrutar. En cambio, el muerto puede tener un sustituto que lo remplazará en sus funciones de *kartṛ*, de "operador" u oficiante. Los *mīmāṃsaka* dan precisiones sobre este argumento: en un sacrificio solemne, el conjunto de las funciones sacerdotales debe ser desempeñado por un grupo de diecisiete oficiantes. Ahora bien, en los sacrificios del tipo *sattra*, recordémoslo una vez más, todo sacrificante también es oficiante. Si falta un sacrificante, "se cumplirán solamente dieciséis tareas sacerdotales, faltará una". Por este motivo, aunque no pueda haber sustituto del sacrificante, como es posible remplazar a un oficiante que ha fallecido, se prescribe buscar entre los allegados del muerto a un hombre que pueda cumplir su papel. Este sustituto, que no gozará del fruto del sacrificio, tiene sin embargo todas las obligaciones de aquel a quien remplaza, y como él, debe recibir la *dīkṣā*, "consagración", a la cual están sometidos solamente los sacrificantes. ¿Por qué, habiendo recibido la *dīkṣā*, el sustituto no es plenamente un equivalente de aquel a quien, en definitiva, sucede? ¿Por qué no es, como sus compañeros, los otros *dīkṣita*, un "amo" (*svāmin*) del sacrificio, sino un simple "hacedor de actos", un "trabajador" (*karmakāra*)? Es porque ha sido convocado sobre la escena del sacrificio por los "amos" y alimentado, "puesto" (*bhṛta*) por ellos, y de alguna manera, está a su servicio. Śabara hasta llega a decir que este sustituto está "alquilado", que se "compran sus servicios", aunque está expresamente afirmado en los Śrauta-Sūtra (y en los textos de la Mīmāṃsā) que en un *sattra*, donde los sacrificantes son al mismo tiempo oficiantes, sólo puede haber *dakṣiṇā*. En realidad, continúa Śabara, para ser verdaderamente un "amo" en un sacrificio, es necesario haberlo emprendido y estar comprometido desde el comienzo a llevarlo a su término. Este compromiso implica que el sacrificante de entrada desee obtener los frutos que resultarán de aquél. El sustituto no tiene este deseo; al menos, este deseo no está en el origen de su presencia en el sacrificio. El sacrificio ya había comenzado cuando el sustituto entró en él. Respecto a esta cuestión del sustituto, los *mīmāṃsaka* extraen de los textos una doctrina coherente.

En cambio, la categoría y la función de los huesos en la *asthiyajña* son objeto de debates más complejos y más inciertos. ¿Cómo hacer compatibles las prescripciones del Veda con el sentido común? Los huesos son un resto inerte. ¿Qué capacidad de acción se les puede atribuir para poder considerarlos como la persona misma del sacrificante y cuál es la relación verdadera entre los huesos y los hombres vivos que los manipulan? ¿Cómo entender la expresión *asthiyajña*, "sacrificio de los huesos"? (¿para los huesos? ¿por los huesos? ¿con los huesos?) Y más precisamente, la expresión *asthīni yājayeyuḥ*, ¿"se debe hacer que los huesos sacrifiquen"? ¿Quién sacrifica (*yajate*), los huesos o los vivos? Éstos son los problemas que examinan los *mīmāṃsaka*, tomando como base los Sūtra X 2,47-50 de Jaimini.

Śabara expone primeramente la tesis del adversario, que se dedicará en seguida a refutar. Según esta tesis, la frase *asthīni yājayeyuḥ* significa que son los huesos quienes sacrifican, ya que son conducidos para sacrificar: es la estructura misma de la frase y el valor del verbo causativo que exigen esta interpretación. ¿Se dirá que, al ser los huesos inanimados, son incapaces de "hacer" cualquier cosa y, con más razón, de ejecutar uno de los actos del sacrificio? La respuesta a esta objeción es que, en virtud de esta prescripción directa, que tiene toda la autoridad del texto védico, los huesos del muerto, cuando se ponen en movimiento por los hombres vivos, pueden realizar ciertas tareas que incumben al sacrificante: por ejemplo, el pilar de madera de *udumbara* que está erigido en el centro del *sadas* (especie de hangar colocado en la parte occidental del terreno de sacrificio) debe tener la misma altura que el sacrificante. Por lo tanto, el sacrificante sirve de medida a este pilar, y este oficio, que no exige acción de parte del que la cumple, bien puede ser ejecutada por el sacrificante inerte, reducido al estado de osamenta. La acción cumplida por las personas vivas por medio de estos huesos, se interpreta como una acción cumplida por los huesos por medio de estas personas vivas. Las personas vivas que hacen actuar a los huesos, que ponen a los huesos en acción, se comparan con los oficiantes que (mediante remuneración) proporcionan al sacrificante los servicios que necesita para poder ofrecer su sacrificio. El razonamiento, o el análisis gramatical, lleva a esto: hay personajes que hacen actuar a los huesos, por lo tanto, los huesos actúan. Por débiles y limitadas que sean las acciones que se pueden hacer con los huesos, son suficientes para calificar a éstos como sacrificantes, darles la categoría (*dharma*) de sacrificantes. Entre la situación normal, en la que los oficiantes vivos hacen que el sacrificante vivo sacrifique, y esta situación particular, en la que los vivos hacen actuar al esqueleto y lo ponen en situación de jugar el papel de sacrificante, no hay más que una diferencia de grado, no de naturaleza (el observador exterior nota, lo que no hacen explícitamente los ritualistas cuya tesis se resume aquí, que hay una continuidad entre el hombre que al comienzo del *sattra* había hecho voto de ser uno de los sacrificantes, uno de los *svāmin* del sacrificio que iba a comenzar, y el hato de huesos al que ahora se ha reducido. Esta continuidad no se rompe en el intervalo durante el cual el sacrificante, impedido por la muerte, fue remplazado por un sustituto vivo). Conclusión reafirmada por el oponente: es necesario tomar la prescripción védica al pie de la letra: en el "sacrificio de los huesos", el sacrificante, actor principal y beneficiario de la ceremonia, es el esqueleto, es decir, la persona cuyo esqueleto ha quedado.

Esta tesis es rechazada por el *siddhāntin*, el que tiene la conclusión justa. Considera que en el sacrificio de los huesos no son los huesos los que sacrifican, sino las personas vivas presentes en el área de sacrificio. He aquí los argumentos:

Si se dice que los huesos son el sacrificante, esto implica que las personas vivas que los hacen actuar o que los ponen en situación de actuar, son oficiantes, y que a los oficiantes se les paga. Ahora bien, el Veda no dice en ninguna parte que a los huesos se les paguen ni que estos oficiantes reciban bienes del difunto. (Nota: el *siddhāntin* hace como si "el sacrificio de los huesos" no estuviera bajo el régimen de un *sattra*.)

Si los huesos sacrifican, es necesario tomar el verbo "sacrificar" en un sentido particular, diferente de su sentido ordinario. (Nota: los *mīmāṃsaka* hablan del sentido *gauṇa*, "metafórico". En efecto, la acción como sacrificio atribuida a los huesos es, en parte, más que figurada.) En las prescripciones védicas, es imposible —es una regla hermenéutica— tomar un verbo en sentido "metafórico". Por consiguiente, el sustantivo *asthi*, "huesos", debería ser tomado figurativamente (*lakṣaṇayā*). Esta palabra no se refiere a los huesos del sacrificante muerto, sino que tiene el sentido de *asthimant*, "provisto de huesos", y designa a las personas vivas que, en compañía de aquel que ahora está muerto, han emprendido el sacrificio. Y el *siddhāntin* reitera su tesis: "el sacrificio de los huesos es el que hacen las personas vivas".

Con su buena voluntad de conciliar el buen sentido y la prescripción védica, el *siddhāntin* hace una construcción arbitraria que nada la autoriza en el plano lingüístico (*asthi* por *asthimant*) y que reposa en la extravagante idea de que los "huesos" a los que se refiere el *asthiyajña* pueden ser algo distinto de los huesos del sacrificante muerto, huesos que, según las instrucciones concernientes a la etapa precedente, habían sido metidos en la bolsa hecha de piel de antílope negro perteneciente a este mismo sacrificante. El *siddhāntin*, además, está tan poco seguro de tener razón que pretende ir un poco más lejos, "a título de hipótesis" (*kṛtvācintā*), y dice cómo sería el caso si fuera el adversario quien tuviera la posición correcta: enumera entonces las observancias a las que debe atenerse un sacrificante normalmente consagrado y que sería evidentemente imposible exigirle a un esqueleto (rasurarse la cabeza, por ejemplo), pero no afirma que estas limitaciones sean inhibitorias y deban suponer el rechazo de la interpretación literal de la prescripción védica.

LA PERSONA DEL MUERTO

Este rito del *asthiyajña* es rico en enseñanzas relacionadas con la noción de persona en la India védica. El sacrificante se define por su voto y su compromiso. Su persona, en tanto sacrificante, sólo está afectada parcial y, se puede decir, empíricamente por la muerte. En lo esencial, el deber (el *dharma*, el deber constitutivo de cada categoría) tiene toda la fuerza de una obligación que dura durante toda la existencia. Crea las condiciones de una especie de sobrevida, de división con la muerte: ocurrida la muerte, se conserva bastante vida como para hacer lo que hay que hacer en este mundo de actos estilizados que es el mundo de los sacrificios. Así como su ser físico, reducido a su esqueleto, se reúne en la bolsa de piel de antílope, símbolo del sacrificio, del mismo modo la persona del muerto, encerrada pero también sublimada en la definición del sacrificio, está presente efectivamente en el terreno del sacrificio, no bajo la forma de una efigie, ni en un monumento funerario, ni como fantasma o como recuerdo, sino como soporte de promesas, tareas que cumplir, bienes que esperar. Pero aquello no es verdadero para todos los sacrificios. El deber, el *dharma*, no tiene esta eficacia creadora de vida, o, si se lo prefiere, no puede producir esta ficción sino cuando la promesa de sacrificar se duplica en el compromiso de sacrificar con y para los otros miembros de la comunidad sacrificante. En el *sattra*, cada uno de los sacrificantes permanecerá con sus compañeros hasta que el proyecto común sea realizado, durante todo el tiempo que el grupo necesite de la presencia de cada uno para que el número que caracteriza a esta totalidad se mantenga. Esta sobrevida de sacrificio, el tiempo de un sacrificio, el suspenso sabiamente manejado entre el momento de la muerte y aquel en que se habrá de abandonar por completo el mundo de los vivos, son, al mismo tiempo, exigidos y hechos posibles por la comunidad.

Insistimos en esto: estamos tratando aquí con una forma de sacrificio, el *sattra*, que es arcaico, o mítico, y en todo caso, excepcional. Esta forma contrasta con la forma normal del sacrificio solemne, sacrificio donde el sacrificante, único, es ante todo un individuo cuya preocupación esencial es construir su *ātman*, su ser propio, en un complejo juego de identificación y diferenciación con la víctima o la ofrenda del sacrificio. Y nunca, en este sacrificio común, el sacrificante actúa en nombre de un grupo familiar, étnico, local o "político". Hace mucho tiempo que se viene remarcando: en la India védica no existe rito solemne que pueda ser interpretado como un sacrificio "cívico".[14] Sin embargo, incluso en el sacrificio normal, el individuo sacrificante no está totalmente aislado; en algunas raras circunstancias vemos aparecer en el sacrificio a un grupo de aquellos a quienes el sacrificante podría llamar como "los suyos".[15] Y especialmente, como ya lo hemos visto, para el momento del sacrificio se instala la comunidad contractual, pero también afectiva, del sacrificante, de su esposa y del equipo de los oficiantes.[16] Pero es verdad que esta cuestión de la relación del sacrificante con otro toma su verdadera dimensión en el *sattra*, precisamente porque los otros son allí semejantes y porque la repartición de las tareas y las jerarquías no se hace entre los individuos sino con la persona de cada uno de ellos.

La doctrina del *asthiyajña* hace pensar, al menos por asociación de ideas, en la divisa de la Liga Hanseática que encontré en Freud: *nave-*

[14] Véase por ejemplo, H. Oldenberg, *Die Religion des Veda*, Stuttgart-Berlín, 1917, p. 369 s.

[15] Así, cuando se transporta el *soma* de la parte occidental a la parte oriental del terreno del sacrificio (rito llamado *vaisarjana*), se forma un cortejo compuesto por el oficiante *adhvaryu*, el sacrificante, su esposa y también *apivrata*, "derechohabientes", hijos, nietos y parientes lejanos de la pareja, que sólo aparecen en esta ocasión en la escena del sacrificio. Todos los miembros del cortejo, en el momento de la libación, se recubren con una misma pieza de tela cuya extremidad la sostiene con la mano el *adhvaryu*. Cf. W. Caland, y V. Henry, *L'Agniṣṭoma*, París, Leroux, 1906, I, p. 110.

[16] En el rito del *uparavamarśana*, el *adhvaryu* y el sacrificante meten sus brazos derechos en los "agujeros de resonancia" perforados en el suelo bajo el carro con *soma*. Por el túnel que comunican ambos agujeros, cada uno busca la mano del otro, y cuando se alcanzan, tienen este diálogo: "¿Qué hay allá? - Lo que es bueno. - Que eso sea común" (ŚB IV 5,4,16).

gare necesse est, vivere non necesse. No es necesario que el individuo viva, lo que importa es que las naves del Hansa sigan navegando. Y también: el individuo debe arriesgarse a morir para que las naves naveguen. La fórmula brahmánica sería: no es necesario que el individuo esté vivo; lo que importa es que vivo o muerto pueda permanecer a bordo, para que el barco del sacrificio llegue hasta el fin de su itinerario.[17]

[17] Metáfora del barco para describir el sacrificio: R̥S X 44,6; ŚB II 3,3,15; IV 2,5,10; KS II 3; AitB III 2,29. Al *sattra* de un año se lo compara con la travesía de un océano en ŚB XII 2,1,1. Cf. H. von Stietencron, *Gaṅgā und Yamunā*, Wiesbaden, O. Harrassowitz, 1972, p. 86. La divisa de la Liga Hanseática es citada por S. Freud en "Considérations actuelles sur la guerre et la mort", *Studienausgabe* IX, Francfort-sur-le-Maine, S. Fisher Verlag, 1915 y retomada en Freud, *Œuvres complètes*, XIII, París, PUF, 1988, p. 144.

MODELO Y RÉPLICA

En su número del 13 de julio de 1997, en el *Times* de Londres, un artículo firmado por A. Levy y C. Sott-Clark, daba cuenta de un asunto que conmovió gravemente a la opinión pública de la India: durante los dieciocho meses precedentes, en Rajasthan, Gujrat, Bihar, Bengala, Orissa y Assam, se habían cometido numerosos crímenes rituales, cuyas víctimas eran niños muy pequeños. El lector se entera también de que en las mismas regiones, decenas de mujeres habían sido colgadas o lapidadas por aldeanos que veían en ellas a brujas y las acusaban de raptar y asesinar a niños. Lo que inquieta particularmente a las autoridades es que, muy a menudo, estas matanzas reproducen hasta en los mínimos detalles el ceremonial de los sacrificios practicados en ciertos círculos "tántricos", sacrificios considerados como crímenes y fuera de la ley desde mediados del siglo XIX. Más allá que estos ritos (que consisten, básicamente, en asperjar con la sangre del niño degollado, decapitado y descuartizado un santuario o una estatua de la diosa Kālī) puedan ser atribuidos solamente a poblaciones tribales de los bosques, al margen de la civilización hindú, parecen ser hechos de organizaciones hindúes extremistas, poderosas, influyentes, determinadas a interpretar literalmente las doctrinas del Tantra "del lado izquierdo" sobre los sacrificios humanos y las ordalías. Parece también que, en un buen número de casos, es el mismo padre quien pone a su hijo (su hija, más a menudo, preparada de manera que se asemeje a la diosa a la que será ofrecida) en las manos del verdugo: satisfecha por esta ofrenda, la diosa acordará al sacrificante la prosperidad que desea y se le pedirá que vele por el orden del mundo. Esto no impide que, en otros casos, sea una pareja estéril la que se procura de un niño, comprándolo o capturándolo, para que sea sacrificado con el fin de que ella misma pueda procrear. Insistamos en esto, siguiendo a los autores de este artículo: las matanzas rituales, en la India como en otras culturas, de ninguna manera son una rareza y, aunque estén fuera de la ley, forman parte, según diversas modalidades y de manera más o menos secreta, de la vida religiosa.[1] No faltan informaciones so-

[1] Sobre el sacrificio humano en la India, desde la Antigüedad hasta la época con-

bre sacrificios humanos que se ejecutan regularmente para hacer sólidos el puente, la ruta o la casa que se construye. La novedad hoy en día, parece ser (al menos la perciben como novedad las personas interrogadas por los autores del artículo) que existe una especie de continuum entre las prácticas del sacrificio humano "de tipo tántrico", prácticas oscuras y, por supuesto, clandestinas, y corrientes intelectuales y políticas que pretenden luchar en India contra las desilusiones del mundo, el desarrollo moderno y la desaparición de la identidad hindú, mediante una glorificación de las ideas, imágenes, comportamientos "tántricos". El caso no es diferente ni, a decir verdad, está disociado, de las tomas de posición a favor del rito de la *satī*: hay fuerzas e intereses que juegan su papel en la política local. Por otra parte, siempre según los autores de este reportaje del *Times*, estas ideas son recogidas favorablemente por antropólogos culturalistas, nacionalistas y místicos.

Estos ideólogos, ¿podrían valerse también de la tradición védica? Alusiones a matanzas rituales de seres humanos no están ausentes en el Veda. El relato más claro, más dramático y más desarrollado es la célebre historia del pequeño niño Sunaḥśepa ofrecido en sacrificio por su padre al dios Varuṇa. La lección que se puede extraer de esta leyenda no es unívoca: bien puede ser que, al fin de cuentas, sea una crítica a esta práctica (AitB VII 13-18). En cambio, en las partes prescriptivas de los tratados védicos (los Brāhmaṇa) y en las recopilacio-

temporánea, los datos fácticos se presentan claramente en el artículo de E. Gait, "Human Sacrifice (indian)", J. Hastings (ed.), *Encyclopaedia of religion and ethics*, Nueva York, p. 584 s. Más cerca de nosotros, se encontrarán indicaciones en A. Basham, *The wonder that was India*, Londres, Sidgwick and Jackson, 1954; J. Gonda, *Die Religionen Indiens II*, Stuttgart, Kohlhammer, 1963; y sobre todo, remitirse al brillante y agudo análisis y a la rica bibliografía de C. Weinberger-Thomas, *Cendres d'immortalité...*, París, Éd. du Seuil, 1996. Para la correspondencia entre las prácticas actuales con lo que podemos encontrar en los textos védicos, véase A. Parpola, F. Staal *et al.*, *Agni. The vedic ritual of the fire altar*, Berkeley, Asian Humanities Press, 1983: hace algunos decenios, dice el autor, todavía ciertos clanes patrilineales, en el Karnataka, antes de partir para sus expediciones anuales de "razzia", ejecutaban un sacrificio humano según procedimientos que recordaban las costumbres de los *vrātya* védicos y consumían una comida comunitaria de arroz mezclado con la sangre de la víctima (monografía sobre los *vrātya* por J. Heesterman, "Vrātya and Sacrifice", Indo-Iranian Journal, n° 6, 1962). Podemos hacernos una idea de la aversión que estas inmolaciones —relacionadas con los cultos llamados (sin mucha distinción) "tántricos"— inspiran en los hindúes ortodoxos leyendo las páginas que tratan el "tantrismo" en la monumental *History of Dharmaśāstra* de P. V. Kane (Kane, Poona, Bhandarkar Oriental Research Institute, 1962).

nes de reglas que se relacionan con ellos (los Kalpa Sūtra), se encuentra una lección completa sobre el sacrificio humano en tanto rito autónomo y sobre las oblaciones de víctimas humanas en tanto elementos de otras ceremonias. Ahora vamos a dedicarnos al examen de estas instrucciones rituales y a la manera en que ellas se presentan.

SACRIFICIO DEL CABALLO, SACRIFICIO DEL HOMBRE

En el ritual solemne védico existe una pequeña serie de sacrificios que tienen en común ser designados por una palabra compuesta cuyo término final es *medha*: están el *aśva-*, el *puruṣa-* y el *sarva-medha*, sacrificio del caballo, sacrificio del hombre y sacrificio de la totalidad, respectivamente. Precedidos del *rājasūya*, ritual de consagración real, estos *medha* forman la lista de los *rāja-yajña*, "sacrificios reales" (BaudhŚS XXIV 11), aunque, como veremos, los dos últimos pueden ser ofrecidos también por brahmanes. Se trata de una serie: a continuación y en este orden se los expone en los Brāhmaṇa y en los Śrauta-Sūtra, y también se dice explícitamente que el *puruṣamedha* es una variante amplificada del *aśva-*, y el *sarva-* una variante amplificada del *puruṣa-*.[2] Esta progresión está ilustrada de una manera muy simple y hasta ingenua en *Śatapatha-Brāhmaṇa* IV 3,4, en un pasaje que trata del *audumbarī*, pilar en madera de *udumbara* (*Ficus Glomerata*) eregido en medio del *sadas*, hangar que, en el área de sacrificio resguarda los fuegos llamados *dhiṣṇya* y sirve de marco a ciertas operaciones esenciales del sacrificio. ¿Cuántas capas debe tener el *audumbarī*? "Para el *aśvamedha*, veintiuna; para el *puruṣa-*, cuarenta y ocho; para el *sarva-*, un número ilimitado."[3] Habría que agregar a esta secuencia otros dos -

[2] El *sarvamedha* se define en ŚB XIII 7,1,1 *sqq.* como un sacrificio sómico de diez días, donde el quinto es una forma condensada del *aśvamedha* (con la inmolación del caballo) y el sexto una forma condensada del *puruṣamedha* (con inmolación de víctimas humanas). A semejanza de Brahma Svayambhu, se dice, que se ofrece a sí mismo a todas las criaturas y ofrece a todas las criaturas para sí, el sacrificante hace ofrenda de todos los *medha* de que dispone. Sin embargo, no se prescribe incluir su propia persona. Los honorarios son, evidentemente, la totalidad de los bienes del sacrificante, es decir, todas las riquezas del reino si el sacrificante es un rey (menos lo que pertenece a los brahmanes). Los diferentes oficiantes se reparten los puntos cardinales.

[3] Sobre el simbolismo de estos números y de los que, más pequeños, caracterizan las diferentes formas de ofrendas de *soma* enumeradas en este mismo pasaje por orden de

medha, el *pitr̥*- y el *brahma-medha*, pero estos dos últimos ritos pertenecen a otro registro: *pitr̥medha* es el término genérico para el conjunto de funerales que deben interpretarse como sacrificios, relacionarlos con el esquema general del sacrificio (como los textos nos invitan expresamente a hacerlo), pero se trata, justamente, de una interpretación.[4] En cuanto al *brahmamedha*, es un caso particular, propio del Yajur-Veda negro, del *pitr̥medha*: se ejecuta para un difunto *brahmavid*, un hombre que, cuando estaba vivo, había adquirido el conocimiento del *brahman*, es decir, del contenido esencial y enigmático del Veda.[5]

Tomado aisladamente, *medha*, cuyo sentido primero según L. Renou[6] es "fuerza", designa el jugo vital, la sustancia corporal que contiene el vigor de un animal y hace que sea apto para servir de víctima. Por extensión, un *medha* es el mismo animal del sacrificio, después del acto de sacrificio que comprende la inmolación del animal así calificado.[7] Este último sentido es el que prevalece en la partícula final de los compuestos; *medha*, en esta posición, es por lo tanto un sinónimo de *yajña* (o de *kratu*). Pero si se confrontan los compuestos *pitr̥medha* y *pitr̥yajña*, se observa que la relación entre los dos miembros del compuesto no es la misma en los dos casos: el *pitr̥medha* es el rito de sacrificio funerario en el cual el cadáver se asimila a una ofrenda hecha al fuego de la cremación, es un sacrificio *del* muerto (realizado por me-

creciente complejidad, ante los tres *-medha*, véase W. Bollée, *Ṣaḍviṃśa-Brāhmaṇa*, Utrecht, 1956, p. 96.

[4] "La ofrenda humana (*puruṣāhuti*) es la que Agni prefiere", se dice en *Bharadvāja-Pitr̥medhika-Sūtra* I 1, a modo de introducción a las reglas concernientes a los ritos funerarios. Sobre los funerales como sacrificio (el cadáver es la víctima), véanse los textos reunidos por W. Caland, *Die altindischen Todten...*, Amsterdam, Johannes Müller, 1896; y *supra*, p. 73.

[5] Sobre el *brahmamedha*, W. Caland, *op. cit.*, p. 96 ss.

[6] L. Renou, "Les éléments védiques du sanskrit classique", *Journal asiatique*, t. CCXXXI, [1939], 1941, p. 378.

[7] Los ritos cuyo nombre es un compuesto de *-medha* son inmolaciones —o implican inmolaciones— reales o simbólicas, mientras que bajo el rubro *yajña* figuran también las oblaciones de materia vegetal o láctea. En general se trata de reservar el término "sacrificio" a las formas de culto que implican matanza, y traducir por "ritual" el término mucho más globalizador de *yajña*. Pero esto es no tener en cuenta la doctrina de los Brāhmaṇa, que establece que la destrucción de materia vegetal (prensado de las ramas de la planta *soma* para obtener el licor sómico, molienda de los granos de cereales para confeccionar papillas y tortas a base de harina) es una muerte del mismo tipo que la matanza de *paśu*: se los "mata" (*ghnanti*) cuando se les hace soportar estos procedimientos (ŚB II 2,2,1; GobhGS II 3,9; cf. S. Lévi, *La doctrine du sacrifice dans les brāhmaṇas*, París, PUF, p. 80).

dio del muerto), mientras que el *pitṛyajña* es un sacrificio *a los* (ancestros) muertos.

El aspecto semántico de *medha* sale a la luz en este pasaje del *Aitareya-Brāhmaṇa* II 8, que se presenta como el relato etiológico de las prácticas de sacrificio:

Los dioses, en verdad, inmolaron al hombre (*puruṣa*) como víctima (*paśu*). Del hombre ya inmolado, el *medha* escapó. El *medha* entró en el caballo (*aśva*). Es así como el caballo se convirtió en *medhya* [provisto de *medha* y, por lo tanto, apto para ser víctima en el *medha*, entendido en sentido de acto de sacrificio]. Aquel del que el *medha* se había escapado [a saber: el hombre], los dioses lo apartaron y se convirtió en mono [*kimpuruṣa*; literalmente: "¿qué cosa, en realidad, del hombre?"]. Ellos inmolaron al caballo. Del caballo ya inmolado, el *medha* se escapó, para entrar en la vaca. Es así como la vaca se convirtió en *medhya*. Aquel del que el *medha* se había escapado [a saber: el caballo], los dioses lo apartaron y se convirtió en antílope (? *gauramṛga*)...[8]

Vienen a continuación el carnero y el macho cabrío. Vacíos de su *medha*, la vaca, el carnero y el macho cabrío se convierten, respectivamente, en el búfalo salvaje, el camello y en un animal fantástico, especie de ciervo, llamado *śarabha*...

Es en el macho cabrío donde el *medha* permanece largo tiempo, y es por eso que el macho cabrío es el animal al cual se recurre más a menudo. Del macho cabrío el *medha* pasa a la tierra que, de este modo, se convierte en *medhya*... En la tierra, el *medha* se convierte en arroz...[9]

Todo este desarrollo está destinado a justificar la regla que exige que la ofrenda de víctimas animales esté acompañada por la ofrenda del *puroḍāśa*, flan de harina de arroz. En el arroz se termina el recorrido del *medha*. Al agregar a la víctima animal el flan de arroz, queda asegurado que se hace la ofrenda de una víctima provista de *medha* y

[8] Sobre el *kimpuruṣa*, véase Parpola Staal, *op. cit.*, pp. 57-70. El término *go* significa "bovino" en general, y puede designar al "toro" o a la "vaca", según esté empleado en masculino o femenino. En principio, los *paśu* son machos (y *puruṣa*, "hombre", significa también "sexo masculino" y "género masculino"). Sin embargo, en numerosas circunstancias, lo que se inmola es una vaca, aquí no se puede decidir.

[9] Relato análogo en ŚB I 2,3,6? Cf. Minard, A., *Trois énigmes sur les Cent Chemins*, I, París, Les Belles Lettres, § 577a.

completa. El texto explica también que los animales salvajes salidos de los animales domésticos que desertaron por su *medha* son, por esta misma razón, impropios para ser consumidos. La migración del *medha*, tal como se la describe aquí es (sin duda, deliberadamente) misteriosa. Los animales que abandona y en los que entra, ¿son especies o individuos? Cuando un animal-víctima es inmolado (*ālabdha*, del verbo *ālabh*, "asir", eufemismo permanentemente usado para designar la matanza en sacrificio), pierde su *medha*. ¿Quiere decir que por el hecho mismo de la matanza, deja de ser una ofrenda (dicho de otro modo, la operación fracasa al mismo tiempo que se efectúa)? O bien que, una vez muerto el animal, no puede volver a servir. (Pero, ¿cómo podría ser de otro modo?) No se puede decir que es toda especie la que deja de ser apta para el sacrificio, que a toda se la mata y degrada en su metamorfosis salvaje, ya que vemos que los hombres continúan sacrificando estas víctimas, y que la ofrenda del flan de arroz completa pero no anula la ofrenda de animales. Queda de esto que los animales *ālabdha*, "asidos en sacrificio", no se convierten en *iṣṭa* (materia para el *yajña*) sino por su asociación con la ofrenda vegetal. Pero también, en la continuación del texto, se describe al flan como provisto de todas las características de un animal... Estas incertidumbres, estas ambigüedades, evidentemente, tienen que ver con un sistema sincrónico aquí representado bajo la forma de una narración mítica. Incluso el lector moderno puede tentarse de ver aquí el relato de una evolución histórica: del sacrificio humano a la ofrenda vegetal, al progreso de la civilización le sigue el desplazamiento del *medha*. De hecho, los acontecimientos (dados con los verbos en imperfecto) son las piezas de una estructura que tiene la particularidad (como a menudo en las especulaciones indias) de configurar un elemento que a la vez equivale y contiene al todo.

En este pasaje del *Aitareya-Brāhmaṇa*, el hombre ocupa el primer lugar del *medha* y la inmolación del hombre como víctima realizada por los dioses, es el punto de partida o el prototipo de todas las *paśubandha* o *paśvālambha*, acciones consistentes en "atar" o "asir" un animal para sacrificarlo. El sacrificio del hombre, seguido del sacrificio del caballo, es la primera etapa de esta enumeración que, observemos, no da lugar al sacrificio más prestigioso, la ofrenda de la planta *soma*.[10]

[10] Esta ausencia, ¿se explica por la naturaleza divina de Soma/*soma*, que hace que esta planta nunca pueda perder las virtudes que la hacen destinada al sacrificio? O bien

Esta anterioridad de la inmolación del hombre contrasta con el orden en que generalmente se la expone, como lo hemos visto, en la serie de los *-medha*. Concuerda, en cambio, con el lugar que ocupa el hombre en otra enumeración de víctimas, la de las cabezas que hay que colocar en la base de la estructura de ladrillos llamada Apilamiento (del Altar) del Fuego, *agnicayana*.[11]

Se trata, como se sabe, de una ceremonia imponente y compleja, una de las más espectaculares del ritual védico solemne. Se la presenta como un refinamiento y un desarrollo, de variable extensión, de la ofrenda de *soma*. Lo que distingue al *agnicayana* de otras fiestas sómicas, es la particular importancia otorgada a la construcción de un fuego ofertorio (*āhavanīya*) especial, edificado en el extremo oriental del terreno de sacrificio, construcción que, de alguna manera, es un rito en sí mismo, ya que cada ladrillo se considera una ofrenda. Este altar se hace con cinco capas de ladrillos superpuestos, dispuestos de modo tal que la forma general sea la de un ave de presa con las alas desplegadas. La ceremonia dura como mínimo doce horas y el edificio está constituido por mil (cinco veces doscientos) ladrillos. Pero los textos de los Brāhmaṇa hablan de cifras mucho más elevadas y, a veces, fantásticas (lo que implica cambios en la naturaleza del rito puesto

el *soma*, al ser vegetal, como el arroz, siempre está cargado del *medha* que está en la tierra? Notamos que no existe una doble forma, la suave y la rústica, de esta sustancia. (En cambio, está previsto que cuando no se pueda encontrar el *soma* propiamente dicho, se recurra a sustitutos). Por otra parte, el licor fermentado llamado *surā* es la contrapartida del *soma* y constituye la materia oblatoria del rito llamado *sautrāmaṇī* —que conmemora la manera en que Indra, tomando *surā*, se cura de una ingestión de *soma*; cf. Ch. Malamoud, "Le soma et sa contrepartie", D. Fournier y S. D'Onofrio (ed.), *Le Ferment Divin*, París, Éditions de la Maison des sciences de l'homme, 1991. A diferencia de los poseedores de *medha*, el *soma* pertenece sólo al ámbito pueblerino y doméstico. Crece libremente en las montañas de difícil acceso. La situación del hombre es ambigua: si indudablemente es el primero de los *paśu* (aldeano), forma parte, por muchas características, del grupo de los *mṛga*, animales del bosque.

[11] Sobre el Apilamiento del Fuego, a modo de introducción, podemos referirnos a P. Kane, *op. cit.*, vol. II, 2, pp. 1246-1255; J. Eggeling, *The Sataphata-Brāhmaṇa*, París-Lovaina, 1897, pp. XIII-XXXVII; A. Hillebrandt, *Vedische Mythologie*, Breslau, 1897, pp. 161-165; Keith, A., *The Veda of the black yayur school...*, Cambridge, Mass., 1914, pp. CXXV-CXXXI. Ahora disponemos de una verdadera enciclopedia del *agnicayana*: es la obra monumental, profusamente ilustrada y acompañada de registros, de Frits Staal y sus colaboradores, llamada *Agni* (F. Staal, *et al.*, *op. cit.*). Lo esencial es una descripción exhaustiva de la ceremonia tal como fue preparada y ejecutada por los brahmanes Nambudiri, en Kerala, en 1975; a lo que se agregan ricas monografías sobre algunos de los problemas ligados a la historia, a la prehistoria, al papel social y a la "significación" de este rito.

que, más allá de doce horas, una fiesta sómica se convierte en *sattra*, una "sesión" de sacrificio, en la cual se borra la distinción entre sacrificante y oficiantes).[12]

En su mayoría, los ladrillos están hechos con arcilla cocida. Para hacer esta arcilla, fue necesario trabajar con el agua en la cual habían estado los troncos de los cinco animales decapitados cuyas cabezas se enterraron en la base de esta estructura.[13] Por lo tanto, estas víctimas están doblemente incorporadas a los ladrillos. Kane se empeña en observar que, según *Kātyāyana-Śrauta-Sūtra* XVII 32, los animales podían remplazarse por efigies de oro o de tierra. Sin embargo, el mismo texto agrega que el hombre debe ser un *vaiśya* o un *kṣatriya*. Según *Baudhāyana-Śrauta-Sūtra* X 9, se pueden usar las cabezas de un hombre o de un caballo muertos en batalla. Staal, por su parte,[14] piensa que aunque entre los brahmanes Nambudiri, a los que ha visto actuar, el uso de poner una cabeza humana en arcilla es antiguo, y fue para ceder a la opinión pública y a las presiones administrativas que se renunció a toda inmolación efectiva de animales remplazándolos totalmente por figuras de tierra o harina, como si se tratara de cinco animales decapitados o de machos cabríos que hay que sacrificar durante los diversos *paśubandha* que acompañan el desarrollo del rito principal. Las cabezas se disponen de la siguiente manera: en el centro, la cabeza de hombre; al norte, la cabezas del caballo y la del carnero; al sur, la cabeza de toro y la del macho cabrío. Así el hombre se ubica en medio del ganado, comensal en medio de lo comido, nos explica *Śatapatha-Brāhmaṇa* VII 5,1,14. Su supremacía se afirma incluso por el hecho de que sólo su cabeza se posa sobre una base de arena y leche, "pues la leche es el ganado; así el sacrificante está instalado en medio del ganado". A favor de esta instrucción ritual se afirma esta verdad: que el hombre víctima se distingue de las otras víctimas no sólo por su preeminencia sino también porque es una imagen del sacrificante. Únicamente sobre la cabeza del hombre el oficiante vierte un poco de manteca clarificada (una ofrenda llamada *āhuti*, que normalmente debe hacerse en el fuego: pero la misma escudilla sobre la que se disponen las cabezas, es un receptáculo del fuego, y sirve para transportar las

[12] Las reflexiones de ŚB IX 5,2,12-15 se apoyan en las variantes *sattra* del *agnicayana*.

[13] Sobre los troncos de las víctimas, cf. ŚB VI 2,1,7 *sq.*; KātyŚS XVI 1,19 *sq.* Sobre las cabezas cortadas, véase el estudio de J. Heesterman, "The case of the severed head", *Wiener Zeitschrift...*, Chicago, The University of Chicago Press, 1967, pp. 45-58.

[14] Staal, F. *et al.*, *op. cit.*, vol. I, p. 303.

hachas encendidas de una hoguera a otra). Esta unción le da un vigor (*vīrya*) especial, que es como un rayo (*vajra*) y hace al hombre apto para el sacrificio —a diferencia de los otros animales. Apto para el sacrificio; entendamos: apto para jugar un papel activo y no sólo para estar como víctima en el área de sacrificio; tal es el sentido de la palabra *yajñiya* empleada aquí.[15] La colocación de cada una de las cabezas es acompañada por una recitación de *mantra*. En el ritual del Yajur-Veda blanco, el texto empleado para la cabeza de hombre (VS XIII 41) dice: "da la unción de la leche al sol, al embrión". Y el *Śatapatha-Brāhmaṇa* agrega:

El hombre, en verdad, es el sol, el embrión.

El hombre es la imagen de mil (*puruṣo vai sahasrasya pratimā*)...
a él le pertenecen mil... Tú, que estás por ser apilado (*cīyamāna*), ¡haz que viva cien años! Así, único entre los animales (*paśu*), el hombre vive cien años.

La identificación del hombre con el sol (Āditya) se refiere, quizás, al mito del sol Mārtāṇḍa, hijo de Aditi, y por lo tanto Āditya, ancestro, por Yama, de la raza humana. Pero, ¿qué es este "millar" del cual el hombre es imagen? Se ha observado que[16] en las interpretaciones de los Brāhmaṇa sobre el Altar del Fuego, frecuentemente se invoca o alude al himno R̥g-Veda X 90, el *puruṣasūkta*. Ahora bien, este himno comienza proclamando: "El hombre tiene mil cabezas, tiene mil ojos, mil pies...". La teología del Altar del Fuego reposa en la identificación implícita del Puruṣa cósmico, cuya génesis está constituida por su desmembramiento en un sacrificio, con el dios Prajāpati, quien ha emitido el mundo y a los dioses vaciándose de su propia sustancia: la edificación del Altar conmemora o vuelve a efectuar el gesto de los dioses que, con Agni a la cabeza, volvieron a dar vida a su padre extenuado y agonizante, entrando en él bajo forma de ladrillos (que figuran también como unidades discretas del tiempo articulado), y recreando el cuerpo del que habían salido.[17] Según Staal, que el Altar sea hecho

[15] Otro rasgo distintivo del *paśu* humano: para el caso, debe matarse a la víctima en un espacio cerrado, preparado expresamente en el oeste del fuego *śāmitra*, según KātyŚS XVII 14.

[16] Cf. Staal, *op. cit.*, vol. I, p. 125.

[17] El aspecto más amplio del simbolismo del Altar del Fuego fue muy estudiado por L. Silburn, *Instant et cause*, París, Vrin, 1955, pp. 48-103.

con mil ladrillos es un índice de la asimilación de Prajāpati con Puruṣa. Lo que debemos recordar aquí es que, durante el rito de ubicar las cabezas, las fórmulas pronunciadas, fórmulas que afirman que el hombre víctima y el hombre sacrificante son idénticos (uno y otro son o se convierten en *yajñiya*), dejan en claro que el *puruṣa* singular, que es el sacrificante, es de la misma naturaleza que el Puruṣa cósmico. Estas observaciones sobre el hombre en el sacrificio nos conducen al rito que lo incluye en su mismo nombre: el *puruṣamedha*.

SIMULACRO DE APAREAMIENTO

Mientras que el rito de los ladrillos pone en evidencia la prioridad y la preeminencia del hombre, el *puruṣamedha*, según las instrucciones del Śrauta-Sūtra, aparece como una copia del *aśvamedha*.[18]

Prajāpati, habiendo hecho oblación mediante el *aśvamedha*, tuvo la visión del *puruṣamedha*. Todo lo que no obtuvo por el *aśvamedha*, lo obtuvo por el *puruṣamedha*. Del mismo modo el sacrificante... El rito en su totalidad es semejante al *aśvamedha*" (ŚāṅkhŚS 10,1).

Aunque las estructuras sean, en efecto, muy semejantes (la diferencia principal es que el caballo es remplazado por un hombre), los destinos de los dos rituales, y los medios que tenemos para conocerlos, no son los mismos. En muchos de los textos prescriptivos védicos y en la literatura sánscrita, hay numerosos testimonios sobre el *aśvamedha*: es un tema literario y también una realidad histórica. No ocurre lo mismo con el *puruṣamedha*. Las únicas menciones que se hacen de él, fuera de los Brāhmaṇa y de los Śrauta-Sūtra, están en el *Mahābhārata* II 22,9-12:[19]

¿Tomaste prisioneros a estos reyes y quieres inmolarlos a Rudra?... Un sacrificio de seres humanos (*manuṣyāṇām samālabhaḥ*), eso nunca se ha visto. ¿Cómo puedes querer honrarlo con sacrificios (*yaṣṭum*) mediante hombres [ma-

[18] Un estudio exhaustivo del *aśvamedha*, P. Dumont, *L'aśvamedha*..., París-Lovaina, 1927.

[19] Ed. de Bombay.

tados] para que se tranquilice? A seres que son del mismo *varṇa* que tú ¡vas a darle el nombre de animal-víctima (*paśu-saṃjñā*)!

Más vehemente que estas intenciones de Kṛṣṇa, Bhīma y Arjuna al rey Jarāsaṃdha, es esta enseñanza del *Bhāgavata-Purāṇa* V 26:

Los que en este mundo, siendo hombres, sacrifican víctimas humanas (*puruṣamedhena yajante*) y las mujeres que devoran a los hombres inmolados en sacrificio (*nṛpaśūn khadanti*) son, en la morada de Yama, atormentados por sus víctimas que, convertidos en tropas de Rakchas, les cortan sus miembros a golpes de hacha mientras carniceros beben su sangre, y después danzan y cantan llenos de alegría, como lo hacían sobre la tierra estos caníbales (*puruṣādāḥ*).[20]

La acusación de canibalismo está fundada en que, en el sacrificio védico, la materia oblatoria, sea una sustancia animal o vegetal, contiene una parte, el *iḍā*, que debe ser consumida por los participantes humanos en la ceremonia. Sin embargo hay excepciones: en el *aśvamedha*, justamente, no hay *iḍā* de la víctima principal, tampoco del macho cabrío ni del Buey, se dice en *Baudhāyana-Śrauta-Sūtra* XV 33. En el *puruṣamedha*, el hombre ocupa el mismo lugar que el caballo en el *aśvamedha*, por lo que se puede plantear, en principio que no hay *iḍā* humano. Pero sin duda el término *puruṣamedha* engloba aquí otras formas de sacrificio humano distintas del rito estrictamente pautado que dan a conocer los tratados védicos. (Un ejemplo literario de sacrificios humanos no védicos es el quinto acto del drama de Bhavabhūti, *Mālatīmādhava*: la joven heroína debe ser inmolada a la diosa Cāmuṇḍā; la ceremonia se interrumpe *in extremis*.)

También es necesario, para plantear el tema del *iḍā* humano, que la matanza sea efectiva. Sobre este punto capital, los textos difieren. El *Śāṅkhāyana-Śrauta-Sūtra* (del Ṛg-Veda) es muy claro:

Habiendo comprado (*avakrīya*) un brahmán o un *kṣatriya* por mil [vacas y/o] cien caballos, se lo deja ir durante un año, permitiéndole satisfacer todos sus deseos, salvo en lo referente a la continencia sexual (*anyatra brahmacaryāt*). [Durante este vagabundeo] se lo protege de la misma manera que al caballo del *aśvamedha* durante el año en que vaga libremente, pero con la misma restricción… Al término de este año y después de tres días ocupados en recitar

[20] Traducción de Burnouf.

los textos propios de los tres primeros días de la fiesta sómica de cinco días, se extienden para el hombre [víctima] vestiduras de hierba *kuśa*, una tela de corteza *tṛpā*, vestiduras rojas, en hilo de seda. Cuando el hombre ha sido apaciguado [es decir, matado, constante eufemismo], el cantor *udgātṛ* viene cerca de él y, de pie, canta la melodía dirigida a Yama (ŚāṅkhŚS XVI 10-12).

Del mismo modo, los textos pertenecientes al Atharva-Veda: según el *Vaitāna-Sūtra* XXXVII 9-26, el rey que piensa celebrar un *puruṣamedha* reúne todos los bienes que ha obtenido por conquistas y pregunta:

"¿Qué quiero obtener dando a su familia mil vacas y cien caballos? ¿Para quién voy a obtener lo que deseo?" Si un brahmán o un *kṣatriya* se presenta, se dice: "el asunto está hecho" (*siddhaṃ karma*). Si no se presenta nadie, el sacrificante debe apoderarse de su rival más próximo y ofrecerlo en sacrificio... Se recitan las estrofas llamadas *hariṇī* [AS XVIII 2,10-18] al acompañarlo cuando se ofrece al fuego del verdugo. Se recitan las dos estrofas *śyonāsmai bhava* [AS XVIII 2,19-20] mientras es arrojado hacia abajo [para ser "apaciguado"]. Se recita el himno *sahasrabāhuḥ* [es decir, AS XIX 6, idéntico a ṚS X 90, "el himno al Puruṣa"], estrofas a Yama y estrofas a Sarasvatī cuando ha sido "apaciguado".

Por el contrario, textos extraídos del Yajur-Veda blanco (ŚB XIII 6,1 y 2; KātyŚS XXI 1) y del Yajur-Veda negro ĀpŚS XX 24) muestran que a la víctima principal y a todo un grupo de otros *puruṣa* cuya suerte está ligada a la suya (hay 184, según la lista de TB III 4,1) no se las ata como a las víctimas animales que deben ser inmoladas, sino que se las coloca en los intervalos entre los postes (*yūpāntarala*). Después que se han trazado círculos de fuego alrededor de estos hombres, se los deja ir, como se deja ir, agrega *Kātyāyana-Śrauta-Sūtra* XXI 12, a los animales de los bosques reunidos para un simulacro de matanza en el *aśvamedha*. Los ritualistas señalan que sean de los bosques, no domésticos, tal como puede ser el carácter del hombre, para evitar al *puruṣa*-víctima la muerte efectiva. Observemos el sistema de compensaciones que opera en estos textos: los que prescriben un *puruṣa* único, indican también que el sacrificio debe llevarse a término; por el contrario, aquellos que hacen del *puruṣamedha* un sacrificio masivo, dicen también que las víctimas son asperjadas y liberadas.[21] El *Śatapatha-Brāh-*

[21] Como a menudo, pero aquí con una insistencia particular, el *Śatapatha-Brāhmaṇa* (en XIII 6,1 y 2) se dedica a justificar números que aparecen en la descripción del rito

maṇa da una vuelta verdaderamente dramática y completamente inhabitual a esta peripecia ritual:

El oficiante *brahman*, instalado al sur de los hombres atados [para ser inmolados], dice su alabanza... recitando este himno de dieciséis estrofas, "el hombre tiene mil cabezas" [es decir, el himno R̥S X 90 al Puruṣa]. El todo tiene dieciséis partes. Ahora bien, el *puruṣamedha* es todo. Es para alcanzar y asegurarse todo [que se actúa así].[22] Diciendo "tú eres así" y "tú eres así" el *brahman* hace alabanza del Puruṣa, lo exalta. Ya se habían hecho los círculos de fuego alrededor de las víctimas —pero todavía no se las había matado— cuando una voz le dice: "¡hombre, no termines! Si terminaras, sería como que el hombre comiera al hombre." Así pues, tan pronto se hacen los círculos de fuego alrededor de ellos, los libera. (ŚB XIII 6,2,12 *s*.)

El relato mítico (con los verbos en pasado) irrumpe en el discurso prescriptivo-descriptivo para mencionar el riesgo del canibalismo: es lo bastante alarmante como para detener el proceso del sacrificio antes de que se realice.

Numerosas versiones del rito (ŚB, ĀpŚS, VaitS) muestran que en el momento en que la matanza tiene lugar, o está a punto de ocurrir, un oficiante recita el himno al Puruṣa dirigiéndose al *puruṣa*-víctima. En la víctima humana se manifiesta, se realiza, el Puruṣa cósmico. Pero, como hemos visto, en el vedismo tardío, al estar identificado el Puruṣa cósmico con el dios Prajāpati, la víctima primordial se convierte también en el sacrificante inicial que toma su propia sustancia, su propia persona, como materia oblatoria. ¿Podríamos decir que en el *puruṣamedha* la víctima se identifica con el sacrificante? Muchos indicios muestran que, al menos, el sacrificante se reconoce en la víctima.[23]

En efecto, los textos que dicen que es necesario llevar a término el *puruṣamedha* y, en consecuencia, proceder a la muerte efectiva, expli-

(número de víctimas, de recipientes, de fases del rito, de días que corresponden a cada una de estas fases), por su correspondencia con los números que caracterizan a las formas métricas de la poesía védica (número de sílabas en los versos, de versos en las estrofas, de estrofas).

[22] Hemos visto anteriormente que en la India tradicional, y hasta nuestros días, "dieciséis" es un símbolo de la totalidad (sobre esto, véase el capítulo "Los muertos sin rostro", p. 65); "dieciséis decimosextos" es una manera de decir "ciento por ciento".

[23] Desde este punto de vista, diferencia entre *aśvamedha* y *puruṣamedha*: en el *aśvamedha* el himno a Puruṣa se recita "sobre" el sacrificante, a saber, el rey; en el *puruṣamedha*, se recita sobre el *puruṣa*-víctima.

can que apenas ella ha ocurrido, se dispone un simulacro de unión sexual entre el cadáver y la esposa principal del sacrificante.[24] Los detalles son los mismos que para el *aśvamedha*: la misma puesta en escena material, las mismas expresiones de estímulo, a la vez eróticas y directas, dirigidas a la pareja por el sacrificante, los mismos atrevidos requiebros de los oficiantes a las otras esposas del sacrificante, el mismo torneo, que consiste en intercambio de adivinanzas (*brahmodya*) entre los oficiantes.[25] Pero lo que es extraño es que, en el *puruṣamedha*, a la esposa del sacrificante, una vez terminada la escena del apareamiento, se la exhorta a abandonar el lecho de su compañero con los mismos términos que se utilizan cuando se dirigen a la viuda acostada sobre la litera funeraria de su esposo para que vuelva al mundo de los vivos (ŚāṅkhŚS XVI 13,11).[26] Si en esa circunstancia a la esposa del sacrificante se la considera como la viuda del *puruṣa* inmolado, ¿no es que también el sacrificante, el marido vivo de esta mujer, de alguna manera se reconoce en la víctima muerta? En todo caso, es alcanzado, perjudicado, por así decir, por esta muerte que, sin embargo, ha querido, ya que en seguida de la inmolación y después que los oficiantes reciten en honor del *puruṣa* difunto el himno funerario *R̥k-Saṃhitā* X 14, se dedica a "curar" (*bheṣajayanti*) al sacrificante, recitando en su honor estrofas r̥g-védicas apropiadas. Curación totalmente diferente, por supuesto, de los ritos de reparación destinados a borrar una falta. Se mató a la víctima, y el sacrificante no se siente culpable de esto sino perjudicado.

Por último, el sacrificante distribuye los honorarios rituales a sus oficiantes. El rey debe dar toda la tierra que posee, con sus habitantes (salvo los brahmanes y lo que les pertenece), o, además, la totalidad de sus bienes.

SACRIFICANTE, VÍCTIMA

Una vez terminado el *puruṣamedha*, el sacrificante, lejos de disfrutar en el mundo de la prosperidad y el aumento de poder que debería valer-

[24] Kirfel sostiene doctamente que esta cópula bien puede ser real (W. Kirfel, "Der Aśvamedha und der Puruṣamedha", *Beiträge zur indischen Philologie...*, Hamburgo, p. 45 s.).

[25] Cf. P. Dumont, *op. cit.*, pp. 178-189.

[26] Cf. W. Caland, *op. cit.*, p. 142 s.

le este sacrificio, desaparece y, de alguna manera, procede a su propia inmolación. Más precisamente, hace un gesto que prefigura, como lo hizo observar Hillebrandt,[27] lo que en el hinduismo postvédico se hará para indicar que se ha abandonado el mundo de la vida social y se adopta el estado de "renunciante": el rey, que acaba de ejecutar el *puruṣamedha,* hace entrar en él mismo sus fuegos de sacrificio, inhalándolos y después apagándolos, y parte para la soledad de los bosques sin mirar hacia atrás (ĀpŚS XXIV 17; KātyŚS XI 17; VaitS XXXVII 14; ŚB XII 6,2,20).

La voluntad del *puruṣa* sacrificante de encontrarse con el *puruṣa* que es su víctima, y de concordar estos dos papeles en el sacrificio, identificándose con el Puruṣa cósmico, se manifiesta también en textos que sacan a la luz los principios fundamentales del sacrificio, tal como los conciben los Brāhmaṇa. La víctima más próxima, la víctima auténtica, es el mismo sacrificante. La voz media de las formas *yajate, yajamāna,* indica que el sacrificante está comprometido en la acción del sacrificio más profundamente por él mismo que por los bienes que da, los beneficios que debe recibir, los gestos que ejecuta.[28] O mejor dicho, lo que da, lo que debe dar, aquello por lo que realiza su *yajña,* es su propia persona. Pero si los Brāhmaṇa recuerdan que el sacrificante está simbolizado en el terreno del sacrificio por objetos destinados a ser arrojados al fuego, siempre como ofrenda (por ejemplo, el puñado de la hierba llamada *prastara*),[29] es porque esta identidad no termina de construirse, de exponerse, de distribuirse en el tiempo. Si el sacrificante también es la víctima, eso no quiere decir que los papeles estén confundidos ni que los límites se mezclen, sino que las funciones son ejercidas simultánea o sucesivamente por la misma persona, que se desdobla.

Aquí debemos recordar los pasajes de los Brāhmaṇa donde Sylvain Lévi pudo encontrar datos fundamentales del sacrificio.[30] Estos textos hablan de la *dīkṣā,* consagración preliminar de carácter ascético, en el curso de la cual el sacrificante se transforma y se da un nuevo cuerpo que le permitirá abandonar el mundo profano para abordar el mun-

[27] A. Hillebrandt, *op. cit.*, p. 153.

[28] Sobre el tema, véanse las observaciones de H. Krick, *Das Ritual der Feuergründurng (Agnyādheya),* Viena, Verlag der O. Akademie der Wissenschaften, p. 134.

[29] Sobre el *prastara* como imagen del sacrificante, véase especialmente ŚB I 8,3,11 *sq.*; III 4,3,2,21 *sq.*; PB VI 7,17. Véase *supra*, p. 14.

[30] S. Lévi, *op. cit.*, p. 132.

do de los dioses. ¿Cuál es el sentido de estas rigurosas prescripciones a las que el sacrificante debe someterse durante este periodo de entrada en el sacrificio?

En verdad, aquel que pasa por la *dīkṣā*, sacrifica a todas estas divinidades, su propia persona como víctima. Todas las divinidades son Agni, todas las divinidades son Soma. Cuando inmola la víctima para Agni y Soma, el sacrificante rescata (*niṣkrīṇīte*) a su persona de todas las divinidades (AitB II 3).

En verdad, aquel que recibió la *dīkṣā* es sacrificado (*labdho bhavati*) por todas las divinidades. Es por eso que se dice: no se debe comer del alimento de un individuo en estado de *dīkṣā*... Pero cuando se recita, a título de fórmula de ofrenda para la cenefa (*vapāyai yajati*): "Oh, Agni y Soma...", se libera al sacrificante de todas las divinidades y es por eso que se dice: una vez que la cenefa ha sido ofrecida al fuego, se puede comer del alimento de este hombre, ya que entonces existe verdaderamente como sacrificante (*yajamāno hi sa tarhi bhavati*) (AitB II 9).

...En verdad, entra en la boca de Agni y Soma aquel que pasa por la *dīkṣā*. Cuando inmola una víctima para Agni y Soma, para él es un rescate de su propia persona (*ātmaniṣkrayaṇa*). Habiendo rescatado por esta víctima, su propia persona, deviene libre de deuda, sacrifica [en tanto que de ahí en adelante es un sacrificante, *yajate*]. Pues es un hombre en imagen (*puruṣo hi sa pratimayā*) (KauṣB X 3).

Agni y Soma toman entre sus mandíbulas a aquel que pasa por la *dīkṣā*... En verdad es ofrenda (*havis*), la que pasa por la *dīkṣā*. Por la víctima animal rescata a su persona (ŚB III 4,2,21).

La recensión Kāṇva del *Śatapatha-Brāhmaṇa* (IV 3,4,14) es todavía más precisa:

Por esta víctima animal, rescata esta víctima que es su propia persona; con esta persona que es suya, sacrifica en tanto sacrificante.[31]

Cuando se somete a las pruebas de la consagración previa, el sacrificante no es sino un sacrificante en proyecto. En realidad, se consti-

[31] *Sa etena paśunā paśum ātmānaṃ niṣkrīṇāti ten niṣkrītena svena satātmanā yajate.*

tuye como víctima, se compromete ante los dioses a hacerles esta ofrenda, que es su propia persona. Es un *paśu* y también un *havis*. Mientras está en estado de *dīkṣā*, no es dueño de sí mismo sino que se debe a todas las divinidades, resumidas en los dioses Agni y Soma. Cuando el periodo de consagración, o más exactamente, de adquisición del estado de consagrado, llega a su fin, recobra su persona recuperándola mediante una víctima animal que es su propia imagen, su réplica (*pratimā*). Entonces, por este gesto anticipatorio, sacrificio que realiza sobre un ser que no es él mismo sino su sustituto, se convierte verdaderamente en persona, en el sacrificante que deseaba ser; y es entonces cuando empieza los ritos del sacrificio propiamente dicho. Por supuesto, la inmolación de una víctima animal (en este caso, se trata siempre de un macho cabrío) a Agni y Soma marca la transición de la *dīkṣā* propiamente dicha sólo en los ritos cuya parte principal supone matanza de animales. Pero todos los ritos solemnes son introducidos por una fase de *dīkṣā*, todos incluyen esta metamorfosis previa. Se comprende ahora que Sylvain Lévi haya extraído de estos textos la idea de que todos "los pretendidos rescates no son sino subterfugios. El único sacrificio auténtico sería el suicidio".[32] Es cierto que la *dīkṣā* llevada a término acabaría por fijar al sacrificante en su papel de víctima: sucumbiría en las mandíbulas de los dioses. Pero si es verdad que poner a un sustituto (o mejor dicho, repitámoslo, a una imagen, una contrapartida), y la fragmentación del tiempo del sacrificio en periodos articulados son "subterfugios", también es necesario tomar en consideración otros textos, del mismo tenor, citados asimismo por S. Lévi, que afirman que para el hombre, todo el sacrificio es un medio de rescatarlo de la muerte. "El hombre, tan pronto nace, nace en persona como una deuda respecto a la muerte; cuando sacrifica, rescata su persona de la muerte" (ŚB III 6,2,16).[33] Por lo tanto, hay dos sistemas de rescate, dos subterfugios ensamblados: se escapa de la muerte por el sacrificio concebido como un todo; en el sacrificio, se escapa de los dioses, distinguiendo en este todo dos partes, que son también dos momentos sucesivos y un desdoblamiento de la persona misma del sacrificante.

[32] S. Lévi, *op. cit.*, p. 132 s.
[33] Cf. S. Lévi, *op. cit.*, p. 131.

A diferencia de otras actitudes religiosas como la adoración, la contemplación, la unión personal con la divinidad, el sacrificio védico le establece al hombre separaciones: entre las instancias que lo constituyen, entre las fases sucesivas de su acción, entre el mundo de la realidad exterior, sometido todo a causalidades diversas y a lo imprevisto, y el mundo cerrado, regido por una causalidad única, de la dramaturgia ritual. Contrariamente a las apariencias, el aturdidor mecanismo de identificación y de correspondencias (entre los dioses, entre los diferentes protagonistas del sacrificio, hombres, dioses, objetos inanimados, víctimas; entre los elementos del mundo, del rito y del cuerpo humano) que exponen infatigablemente los Brāhmaṇa funciona sólo porque estas superposiciones son transitorias, móviles, explícitamente formuladas *ad hoc*, y relacionan nociones articuladas y no confundidas. Así, el sistema de los "rescates" y de los "subterfugios" define mejor al sacrificio que como lo haría la autenticidad de su paroxismo inmediato, el suicidio.

Para mantenernos en la coherencia interna de la doctrina brahmánica, observemos que esta idea ya se encuentra expresada en un rito que podría considerarse plenamente de sacrificio y que hace economía de diferencias esenciales: es el sacrificio que practica el *ātmayājin*, el hombre que hace oblación de sí mismo, un sí mismo que se convertiría en idéntico al Sí universal, por la transformación de su cuerpo mortal en un cuerpo "hecho de estrofas, de melodías, de fórmulas de sacrificio y oblaciones" (ŚB XI 2,6,13 *s.*).[34] Interiorización de la escena de sacrificio, de la que sólo sabemos lo que nos dicen estas breves indicaciones insertas en un desarrollo que el *aśvamedha* glorifica; entendemos únicamente que aquel que se sacrifica a sí mismo (¿a su sí o al Sí que está en él?) es libre, está liberado de su cuerpo mortal y que, por esta razón, es superior a aquel que hace sacrificios a los dioses y que es como un hombre del pueblo que paga tributo a su rey.[35]

[34] Citado por S. Lévi, , *op. cit.*, p. 79.

[35] Sobre el *ātmayājin* véase también Ch. Malamoud, *Le Svādhyāya, récitation personnell du Veda*, París, E. de Boccard, 1977, p. 11 s.; J. Heesterman, *The broken world of sacrifice*, Chicago, The University of Chicago Press, 1993; Ch. Malamoud, "La déese Parole dans le Veda...", C. Conio (ed.), *La Parola creatrice in India e nel Medio Oriente*, Pisa, Giardini, pp. 35-42.

Curiosamente S. Lévi mezcla en su análisis del pensamiento védico sobre el sacrificio, dos tipos de consideraciones. Primeramente está este principio enunciado por las doctrinas brahmánicas: el hombre es la víctima verdadera, inicial, del sacrificio. S. Lévi extrae una conclusión lógica de este principio, confirmada por la realidad de los hechos, pero que no se encuentra expresada en el Veda: el único sacrificio auténtico es el suicidio. Pero luego sigue una construcción evolucionista fundada sobre la idea de que con los siglos la civilización progresa y que a los periodos bárbaros suceden periodos más ilustrados y, sobre todo, cuidadosos de evitar la violencia. En cambio, persiste en los Brāhmaṇa el recuerdo "de una práctica no menos salvaje, vecina inmediata del sacrificio suicida, el sacrificio humano".[36] Después, al sacrificio humano se lo reemplaza por el sacrificio animal, los animales vivos por efigies o vegetales: la humanidad, o al menos la humanidad de la India védica, se orienta hacia un ritual sin violencia, quizás, incluso, sin materia. Estamos, pues, en la diacronía. Sin embargo, para hablar del *puruṣamedha*, los Brāhmaṇa utilizan el mismo presente intemporal que para los otros ritos, y es el mismo pensamiento de los autores de los Brāhmaṇa que S. Lévi resume cuando dice: "El hombre se rescata por el hombre. El sacrificio humano es conscientemente explicado y reglamentado en los tratados sobre ritual. El hombre es la víctima por excelencia."[37] No se trata, por lo tanto, de un recuerdo sino de una forma de culto inserta, junto a otros sacrificios, en el mismo programa de actos que cumplir. Es verdad que los Brāhmaṇa, en raras ocasiones, también son historiadores de su propio presente y rinden cuenta —pero para condenarlo— de un cambio en las costumbres: antes, se mataba y se decapitaba a las víctimas para la construcción del Altar del Fuego; en nuestros días, se fabrican cabezas de oro o de arcilla. No hay que actuar así, sino volver a la manera de actuar antigua (ŚB VI 2,1-39).

Sobre este cañamazo de evolución, los espíritus historiadores bordan su propio relato. Interrogan sobre cómo nacen las nuevas ideas y sobre el origen de los elementos aparentemente heterogéneos que constituyen complejos rituales. La gran preocupación es distinguir lo que es indoeuropeo de lo que pertenece al sustrato pre-ario, por ejemplo, en el *agnicayana*. Se preguntan también cómo ordenar en el tiem-

[36] S. Lévi, *op. cit.*, p. 133.
[37] *Ibid.*

po el *aśvamedha* y el *puruṣamedha*, tan semejantes en su estructura, tan estrechamente ligados y, sin embargo, tan diferentes en el grado de realidad que le confieren los textos. La evolución indicaría que el caballo ha sustituido al hombre, ya que el *aśvamedha* testimonia un estadio menos bárbaro, más reciente, de la civilización. Pero, para conservar un rasgo estilizado del rito rechazado, se ha construido sobre el modelo del *aśvamedha*, un *puruṣamedha* completamente teórico. De hecho, el lector moderno no puede dejar de pensar que los ritualistas brahmánicos, al situar el *puruṣamedha* entre el *aśvamedha* y el *sarvamedha*, sacrificio evidentemente ficticio, le daban voluntariamente a este sacrificio humano, a la vez grandioso y regulado, el aspecto de una construcción intelectual, y así enmascaraban las matanzas en sacrificios bien reales, que los brahmanes no podían impedir pero de las que no querían hacerse cargo.

Pero tratar de imaginar la realidad histórica detrás de la intemporalidad de las instrucciones y especulaciones sobre los ritos, no debe hacernos olvidar que los sistemas de ideas también tienen su propia validez sincrónica. Para el pensamiento de los Brāhmaṇa, los sustitutos no son sino lo peor que pudo suceder; los que sustituyen no eliminan a los sustituidos sino que se agregan a ellos, y la inteligibilidad del sistema se funda sobre las redes de equivalencias, de correspondencias, de simbolizaciones recíprocas, de lazos no genealógicos, de lo que dan cuenta los términos *nidāna* y *bandhu*. Considerados bajo estos ángulos, el *aśvamedha* y el *puruṣamedha* no se prestan a las cuestiones de la prioridad de uno sobre otro (ni, por supuesto, del origen de uno y de otro). El sacrificio del caballo no es sino una forma atenuada, adaptada, del sacrificio del hombre; le da al sacrificio del hombre su estructura ritual. El *puruṣamedha*, por su parte, no es un recuerdo o una supervivencia, sino la evocación dramática y literal de lo que sucedió "cuando los dioses, al preparar el sacrificio, habrían atado al Hombre como víctima" (R̥S X 90,15).[38]

[38] Trad. L. Renou, *Hymnes spéculatifs du Veda*, París, Gallimard, 1956, p. 100.

LA NEGRURA DE LA ESCRITURA*

El filósofo Śaṅkara (siglos VII u VIII de nuestra era), para ilustrar la tesis de que un conocimiento falso puede ser el origen o la ocasión de un conocimiento verdadero, da el siguiente ejemplo: "se puede observar que el conocimiento de los *akṣara* verdaderos (*satya*), tales como *a*, etc., nace del conocimiento de *akṣara* falsos (*anṛta*) que están en las líneas de escritura (*rekhā*)" (*Śaṅkarabhāṣya* ad *Brahmasūtra* II 1,14).[1] El término *akṣara*, "sílaba", designa tanto el sonido del lenguaje como el signo escrito que le corresponde. ¿En qué consiste la falsedad del grafema? Śaṅkara no lo dice, pensando que es obvio. Para el comentario *Ratnaprabhā*, parece que se trata simplemente de signos erróneos pero que, sin embargo, permiten al lector encontrar el sonido que el escritor quiere anotar. Esta interpretación es insuficiente y no da cuenta de la fuerte oposición *anṛta*/ *satya*: por un lado, lo que es falso, mentiroso, incluso irreal; por otra, lo que es realmente verdadero. Es la escritura como totalidad (y no solamente escritos equivocados) lo que, por naturaleza, está en la esfera del *anṛta* ya que los grafemas dan la ilusión de ser los fonemas o de estar en correspondencia necesaria con los fonemas. Ésa es la manera en que el comentario *Bhāmatī* comprende esta frase y es en ese sentido como está en la traducción-glosa de Thibaut.[2] También así la observa Max Müller, quien agrega que las letras son "irreales" en comparación con los sonidos audibles, tales como están clasificados en los Prātiśākhya, los tratados de fonética.[3] De hecho parece que para las ideas dominantes en la India, un sonido, cuando es pronunciado y escuchado, revela las características articulatorias que permiten situarlo en su justo lugar en el conjunto —concebido como un sistema— de todos los sonidos del lenguaje, lo que no ocurre de ninguna manera con los signos gráficos. Rāmānuja (siglo XI, en el *Śrībhāṣya* ad *Brahmasūtra* I 1,1)[4] confirma, mediante la mis-

* Véase "Nota sobre la aparición de la escritura en la India", p. 150.

[1] Śaṅkara, *Brahmasūtraśaṅkarabhāṣya*, Bombay, "Nirnaya-Sâgar" Press, 1904, p. 379.

[2] G. Thibaut, *The vedānta-sūtras*, Oxford, Clarendon Press, 1904, p. 325.

[3] F. Max Müller, *The six systems...*, Londres, Longmans, 1899, p. 92.

[4] Rāmānuja, *Brahmasūtraśrībhaṣya*, Bombay, The Pandit, 1899, p. 322.

ma crítica que dirige a la frase de Śaṅkara comprendida con ese sentido, la justeza de esta interpretación: no acepta el carácter "irreal" de lo escrito; por ser él mismo real, es que el signo escrito permite el reconocimiento del sonido real.[5] Un cambio de actitud análogo se comprueba en los lógicos: Annaṃbhaṭṭa, al resumir en el siglo XVI las doctrinas de la lógica antigua, explica en el desarrollo que dedica al error,[6] que "la causa eficiente del conocimiento del sentido de la frase es el sonido", lo que Foucher comenta indicando que los representantes de la nueva lógica oponen a esta aserción "el hecho de que comprendemos muy bien una sentencia escrita por un mudo sin que emita ningún sonido [...] Estos enredos internos tienen un interés histórico: la opinión de los viejos Naiyāyika se inspira incluso en el antiguo prejuicio contra la escritura, mientras que la de los modernos refleja la lenta sustitución de la transmisión oral por la tradición escrita".[7]

Al poner lo escrito del lado de la falsedad, Śaṅkara, en realidad, no hace más que conformarse a la tendencia general de la civilización india, y más precisamente la brahmánica; lo que concierne a la escritura es considerado sospechoso, dudoso e incluso despreciado: "irreal", no es menos duro y peligroso. Intentaré decir más precisamente con qué límites y según qué modalidades se manifiesta esta desconfianza. Pero en principio me parece necesario recordar que la depreciación de la escritura es notable sobre todo por el contraste que forma con esta otra característica: en la India "clásica" la escritura y los libros no son ni raros ni extraños, sin hablar de la rica y diversa epigrafía que se desarrolla en todas las regiones del subcontinente después del siglo III de nuestra era y que es una de las fuentes mayores para nuestro conocimiento de la historia de la India;[8] los textos literarios o técnicos, desde el siglo I de nuestra era, se refieren abundantemente a ella.

La carta de amor es un importante ingrediente del teatro, y son sobre todo las mujeres a quienes los autores se complacen en representar con el gesto de escribir: así se da en el texto más célebre sin duda en Occidente de la literatura sánscrita, la *Śakuntalā* de Kālidāsa (siglo V ¿?), se ve a la heroína leer en voz alta una misiva que ella misma ha trazado con sus uñas en una hoja de loto (acto III, prosa anterior a la

[5] Cf. G. Thibaut, *op. cit.*, p. 76 s.

[6] Annaṃbhaṭṭa, *Tarkasaṃgraha*, Varanasi, 1969, p. 108.

[7] A. Foucher, *Le compendium des topiques*, París, A. Maisonneuve, 1949, p. 158.

[8] Cf. Filliozat, Renou, Filliozat *et al.*, *L'Inde classique*, París, Payot, t. I, 1947, pp. 156-172.

estrofa 69).[9] Otra pieza del mismo Kālidāsa, *Vikramorvaśī*, nos muestra al personaje de Citralekhā, "maravillosa escritura", que está al lado de la heroína, la ninfa Urvaśī, cuando ésta está escribiendo una carta de amor sobre un soporte más realista, una hoja de abedul, *bhūrjapattra*, término que se puede comprender también como un sinónimo de *bhūrjatvac*, "piel", es decir, "corteza de abedul".[10] Y siempre de Kālidāsa, en el poema *Kumārasambhava*, esta evocación (en I 7) de las montañas "donde las cortezas de abedul, sobre las cuales se fijan signos silábicos (*akṣara*) mediante jugos extraídos de los minerales (*dhāturasa*), cortezas que tienen el color rojo de las manchas (*bindu*) que se ven sobre la piel de los elefantes adultos, sirven a las bellas Vidyâdharâ para hacer sus cartas de amor (*anaṅgalekhākriyā*)". Estas divinidades de las montañas no dibujan por sí mismas los signos del alfabeto: saben utilizar los grafemas ofrecidos por la naturaleza y reunirlos de manera que formen su texto escrito. El tema de la uña que araña con trazos significantes la tierna superficie de un vegetal, aparece también en un poeta sabio mucho más tardío, que vamos a citar más de una vez y que se puede considerar como uno de los grandes Retóricos, Śrīharṣa (siglo XII):

> Sobre la fase interior de un pétalo, convirtiendo sus uñas en estiletes (*nakhalekhinībhiḥ*), Bhaimî escribió (*lilekha*) su carta de amor (*anaṅgalekha*), carta cuyas letras en un instante tomarían el color de la tinta (*masībhāvukavarṇalekha*) (*Naiṣadhacarita* VI 63).

Los dioses escriben, pero "la escritura de los dioses es demasiado difícil para leer sobre la tierra" (*lipir na daivī supaṭhā bhuvīti*). Así también Indra, para hacerse entender por la mortal que codicia, está obligado de ser un *preṣitavācika*, de enviar un portavoz (*ibid.*, VII 77).

Pero los textos literarios no se limitan a estas situaciones mitológicas o legendarias. Testimonian también la práctica corriente de la lec-

[9] Véase la traducción de Lyne Bansat-Boudon, *Le théâtre de Kālidāsa*, París, Gallimard, 1996, p. 138; sobre este pasaje, véanse también S. Lévi, *Le théâtre indien*, París, B. de l'École des hautes études, 1890, p. 95 y J. Gonda, *Vedic Literature*, Wiesbaden, O. Harrassowitz, 1975, p. 158 (para la palabra *arpita* "fijado", empleada aquí con el sentido de "grabado").

[10] Cf. Bansat-Boudon, *op. cit.*, p. 249 s.; H. Falk, *Schrift im alten Indien*, Tubinga, Gunter Narr Verlag, 1993, p. 310; K. Janert, *Bibliographie...*, Bonn, Wissenschaftsverlag, 1995, p. 65 s.

tura y de la escritura en la vida cotidiana en la tierra. Para decir algo bien conocido, el poeta más rebuscado no duda en emplear una expresión hecha: "esto es escrito y leído (*likhitapaṭhita*)"[11] (*ibid.*, XIX 39). En la novela *Kādambarī*, el exquisito Bāṇa (primera mitad del siglo VII) describe a la reina Vilāsavatī rodeada de ancianas ascetas que la distraen leyéndole historias (*itihāsa*) escritas en los libros (*pustaka*) que tienen en sus manos (§ 88).[12] El escritor, incluso si es ante todo poeta, tiene necesidad de equipamiento para sus borradores y para sus copias limpias. Rājaśekhara (siglo IX) detalla sobre esto en su *Kāvyamīmāṃsā*, "reflexión sobre la poesía sabia":

> una caja con un tablero y tizas, una cajita, hojas de *tāḍi* o corteza de abedul con pinceles y tinteros, hojas de palmera con punzones de hierro, muros bien pulidos: he ahí lo que el poeta debe tener siempre a mano. "Tal es, en efecto, el equipamiento (*parikara*) de la ciencia poética", dicen los maestros. La inspiración es el verdadero equipamiento (*pratibhaiva parikarā*)... (libro X).[13]

Pero el aprendizaje de la lectura y de la escritura también forma parte de la educación de príncipes y cortesanos, como se ve, entre muchos ejemplos, en el *Daśakumāracarita*, novela picaresca de Daṇḍin (siglo VII): aquellos que están destinados a reinar deben aprender todas las escrituras y convertirse en expertos en las lenguas de todos los países sin excepción (libro I, cap. 1 final).[14] Según este mismo texto (libro II,

[11] Véase la nota de K. Handiqui, *Naiṣadhacarita...*, Poona, 1956, p. 624.

[12] Citado por P. Kane, *History of Dharmaśāstra*, Poona, Bhandarkar ORS, 2da. ed., 1974, p. 349.

[13] Rājaśekhara, *Kāvyamīmāṃsā*; ed. 1934, p. 50; trad. Stchoupak y Renou, 1946, p. 148 *sq*. Bibliografía sobre los términos que designan "libros" y objetos que sirven para escribir, O von Hinuber, *Der Beginn der Schrift...*, Stuttgart, Akademie der Wissenschaften, 1989, p. 9; Falk, *op. cit.*, p. 308 s.; K. Janert, *op. cit.*, pp. 38-75. Sobre la vida cotidiana de los poetas y las sociedades de poetas, *kavigoṣṭhi*, cf. S. Lienhard, *A History of indian literature*, Wiesbaden, O. Harrassowitz, 1984, p. 16 s.

El alumno que no está muy dotado hace gran uso de la tiza cuando necesita aprender gramática, si se puede creer esta descripción humorística de la paloma arrulladora: "sin duda, esta paloma había sido alguna vez un estudiante del Tratado de Pāṇini. Tenía sobre el cuello un adorno, resto de las numerosas tizas usadas para formar montones de palabras. Habiendo olvidado todo, sacude la cabeza y deja oír el término gramatical *ghu* (*ghusaṃjñā*) que le viene a la memoria, por azar, al alba, por una antigua impresión (*prāksaṃskāreṇa*) nacida de la lectura que había hecho sobre tableros de madera" (*Naiṣadhacarita* XIX 6)

[14] Daṇḍin, *Daśakumāracarita*, Delhi, Motilal Banarsidass, 1996, p. 21; cf. M. Porcher, *Daṇḍin*, París, Gallimard, 1995, p. 76.

cap. 2),[15] el programa lingüístico de la futura cortesana es menos ambicioso, pero a todo el saber erótico y todas las artes para agradar que harán de ella una mujer divertida y cultivada, ella debe añadir el conocimiento de la escritura (*lipijñāna*). La enseñanza de las verdades fundamentales, ciertamente, es oral, como habremos de volver a ver: esto no impide que según un discípulo directo del filósofo Abhinavagupta (siglo X), todos los alumnos que se reunían a los pies del maestro, comenzando por Kṣemarāja, tomaban nota de sus palabras, sin desanimarse, a medida que las pronunciaba (Madhurāja, *Dhyānaśloka*, v. 2).[16]

"EL OCÉANO DE LA PALABRA"

Estos testimonios literarios, que se podrían multiplicar fácilmente sin salir de los textos sánscritos e hindúes pero a los cuales habría que agregar los datos de las lenguas indo-medias de inspiración budista o jainista, son relativamente tardíos. Antes de abordar textos más antiguos, más austeros y más problemáticos, observemos cómo Kālidāsa, por su parte, describe la educación ideal de los príncipes del "linaje solar": el príncipe Raghu, "rodeado por los hijos de los ministros de su padre, muchachos de la misma edad que él, aprendió sus letras como era conveniente, y pudo así penetrar, como por la embocadura de un río, en el océano de la palabra (*vāṅmayaṃ samudram*)" (*Raghuvaṃśa* III 18).[17] El saber es, ante todo, la palabra sonora, *vāc*, y lo escrito no da acceso al saber sino que conduce al conocimiento de los sonidos. Del mismo texto, leamos sobre el joven príncipe:

> apenas hubo acabado de aprender la escritura, los signos silábicos fijados sobre un tablero, pudo disfrutar de todos los frutos del arte de administrar la justicia (*daṇḍanīti*), [frutos que obtuvo] frecuentando hombres viejos en el saber adquirido por audición (*śruta*) (*ibid.*, XVIII 46).

La *daṇḍanīti*, literalmente la "conducta del bastón", es una parte esencial de la *rājanīti*, el arte de gobernar: es la justicia real considera-

[15] Daṇḍin, *op. cit.*, p. 66; cf. M. Porcher, *op. cit.*, p. 118.

[16] Citado por Pandey, *Hindu Saṃskāras*, Delhi, Varanasi; Patna, Motilal Banarsidass, 1963, pp. 20 y 138.

[17] L Renou., *Kālidāsa*, París, Lib. Orientaliste Paul Geuthner, 1928, p. 26.

da principalmente bajo su aspecto penal y represivo, siendo el "bastón" la fuerza que posee el rey. La *rājanīti* se enseña en numerosos tratados especializados o constituye el tema de desarrollos especiales en los textos normativos que exponen el *dharma*, la ley religiosa, social y moral sobre la cual reposa el orden del mundo. Pero también aparece, de manera más amplia y detenida, en cierto sentido independiente en relación con el *dharma*, a través de la famosa obra atribuida a Kauṭilya, el *Arthaśāstra*. En esta descripción y esta teoría de las acciones del rey, que también es una descripción y una teoría del Estado, la escritura y el documento escrito, juegan un papel fundamental. Dos pasajes tratan sobre todo de la escritura: el capítulo 7 del libro II, dedicado a los archivos contables, explica que el superintendente (*adhyakṣa*) debe velar para que se consignen en los libros de cuentas (*nibandhapustaka*) todos los datos relativos a la producción de bienes, a los precios de los productos y de los servicios, a los salarios; se deben registrar por escrito y guardar los documentos que permitan la previsión de las ganancias y de los gastos y las operaciones de control. Como siempre en el *Arthaśāstra*, estas disposiciones sobre la economía se presentan en un marco penal: cuáles son las faltas que los funcionarios encargados de estas tareas corren el riesgo de cometer y con qué penas hay que amenazarlos. "Para aquel que oculta por escrito (*avalikhataḥ*) la mención de un objeto sin ninguna orden, o bajo una orden errónea, o de una manera ilegible (*avijñātam*), o con una repetición (*punaruktam*), la multa es de doce *paṇa*..." (II 7,2 s.). Para el que avala (*¿bhakṣayataḥ?*) un documento, la multa se multiplica por ocho... (II 7,35 *s.*).[18] Como se ve, no se trata solamente de compatibilidad, sino de todas las decisiones reales que son la causa, y en cierta medida, la consecuencia de estas cuentas. Los funcionarios que controlan la manera en que son ejecutados los grandes trabajos, están acompañados por contadores (*saṃkhyāyaka*), inspectores de moneda (*rūpadarśaka*), cajeros (*¿nīvīgrahaka?*),[19] inspectores en jefe (*uttarādhyakṣa*) y también de escribas (*lekhaka*) (II 9,28). El escriba es un técnico para poner por escrito y conservar documentos administrativos.[20] Distinto del contador o del cobrador de impuestos, está sin embargo estrechamente

[18] Kauṭilya, *Arthaśāstra*, Bombay, University of Bombay 1960, p. 43 s.; R. Kangle, *The Kauṭilya Arthaśāstra*, Bombay, University of Bombay, 1963, p. 92 s.; H. Scharfe, *Untersuchungen...*, Wiesbaden, O. Harrassowitz, 1968, p. 221.

[19] Cf. J. Meyer, *Das altindische Buch...*, Leipzig, O. Harrassowitz, 1926, p. 99.

[20] Cf. U. Ghoshal, *A history of indian...*, Londres, Oxford Univ. Press, 1966, p. 50.

asociado a ellos, como en uno de los pocos pasajes del *Mahābhārata* donde se menciona el acto de escribir:[21] "todos los contadores y escribas (*gaṇaka-lekhaka*), atentos a tus ganancias y a tus gastos ¿te hacen conocer cada mañana lo que ganaste y lo que perdiste? (II 5,72).[22]

En el capítulo X del mismo libro II del *Arthaśāstra*, el escriba, *lekhaka*, está presentado bajo otro aspecto: es el secretario del rey, encargado de dar forma a sus órdenes y redactar sus misivas. Este capítulo, que se titula "Sobre los decretos", contiene una clasificación, en términos muy generales, de los textos, ordenanzas, cartas que el rey puede llegar a hacer redactar o con las cuales puede necesitar tomar contacto.[23] Observamos que este tratado sobre gobierno, uno de cuyos capítulos trata sobre la educación del rey, educación que hace del príncipe un espíritu muy cultivado, menciona el aprendizaje de la lectura y de la escritura. Pero, en el ejercicio de su función, el rey escucha lo que se le lee y se le dicta: el *lekhaka* es siempre un intermediario entre el rey y el texto escrito. De modo que lo que se oye del escriba sobrepasa el simple manejo gráfico.[24]

El escriba real debe poseer las cualidades de un ministro, conocer bien todas las convenciones, saber redactar rápidamente, tener bella escritura, ser capaz de leer en voz alta un documento escrito. Una vez escuchadas las instrucciones del rey sin que su espíritu se distraiga, que las guarde por escrito en un

[21] El célebre comienzo del *Mahābhārata*, donde se ve al dios Gaṇeśa anotar por escrito, bajo el dictado de Vyāsa, el texto de la Epopeya, es un agregado tardío, si se cree a la edición crítica y también a Falk, *op. cit.*, p. 268 s. Esta escena, que se convirtió en muy popular en el imaginario indio, no podría ser un argumento para los que piensan que la escritura estaba en uso en la época y en el ambiente donde fue compuesto lo esencial del *Mahābhārata*. Pero también es necesario incluir entre las partes recientes, el verso XIII 23, 72 que condena al infierno a los que venden los Veda, a los que los corrompen y a los que ponen el texto por escrito, los *vedānāṃ lekhakāḥ* (?) (Cf. L. Renou, *Études védiques et paninéennes*, t. VI, 1960, p. 40.) Sobre los *lekhaka*, secretarios, quienes, asociados a los *gaṇaka*, contadores, asisten a los jueces encargados de evaluar las representaciones teatrales, cf. L. Bansat-Boudon, *Poétique du théâtre indien*, París, EFEO, 1992, pp. 185 y 390.

[22] *Mahābhārata*, Poona, Chitrashala Press, ed. 1929-1933; Kher, N., *Agrarian and fiscal economy...*, Delhi, Motilal Banarsidass, 1973, p. 275; también en el *Mahābhārata* XV 14,8, *gaṇaka* y *lekhaka* son mencionados juntos.

[23] Sobre la composición de este capítulo, cf. H. Scharfe, *op. cit.*, pp. 68-75.

[24] Sobre las cualidades morales e intelectuales exigidas al escriba, cf. H. Losch, *Rājadharma*, Bonn, Selbstverlag der U. Bonn, 1959, p. 54.

texto cuyo sentido sea preciso y que lleve la respetuosa indicación del país, del dominio de soberanía, de la familia y del nombre personal [del destinatario], si se trata de un príncipe… tomar en consideración, en un asunto, la casta, el linaje, la posición, la edad, el saber, la profesión, el carácter [del compañero] y el lugar y el tiempo y también los lazos de matrimonio… Exposición ordenada del asunto, ligazón [entre las partes], expresión completa, dulzura, elevación, claridad: en eso consiste la excelencia de un texto escrito… (*Arthaśāstra* II 10,2-6).

Vienen a continuación (7-12) las definiciones de estas cualidades. Además, para que tenga "expresión completa", es necesario "que no tenga ni lagunas ni afectación en el sentido de la frase, en las palabras y en las sílabas. Hay que exponer lo que se va a decir sirviéndose de palabras que tengan todo su vigor, con razones, citas y ejemplos". A estas cualidades se oponen (57-62) los defectos que son "la falta de encanto, la incoherencia, la redundancia, el uso incorrecto de las palabras, la confusión":

La falta de encanto (*akānti*) proviene de cuando se usa una hoja negra, de lo que se escribe groseramente, con letras desparejas o trazadas débilmente… La incoherencia es la incompatibilidad de lo que viene después con lo que está antes… El uso incorrecto de las palabras es el error en el empleo de los géneros, de los números, de los tiempos y de los casos…

Se observa que la técnica del escriba incluye el conocimiento de la gramática y de los principios de la lógica y de la retórica. No tiene autonomía más que la que le confieren las consideraciones estéticas sobre el encanto o la ausencia de encanto de una página. De hecho, la ciencia gráfica aquí no es sino un aspecto del arte de redactar o más exactamente, de componer, así como en el capítulo 7 ella estaba al servicio de la contabilidad. La subordinación de la escritura a la norma lingüística y a las regla que rigen la producción del discurso es tal que en los desarrollos sobre el escriba se insertan enunciados sobre el número de fonemas en la lengua (se cuentan sesenta y tres), sobre las cuatro "especies de palabras" (los sustantivos, los verbos, los pre-verbos y las partículas), sobre la definición de frase y sobre los compuestos (II 10, 13-21).

La presencia de esta terminología y de las ideas gramaticales y lógicas en este pasaje, según Scharfe es un argumento que permite fechar el *Arthaśāstra*: en la forma que nos ha llegado es necesariamente posterior al gramático Kātyāyana, el cual se cree que vivió en el siglo III antes de nuestra era; otros indicios conducen a precisarlo: el *Arthaśāstra* habría sido compuesto en el siglo I de nuestra era.[25] Esta datación, fundada en sólidos argumentos, va en contra de la tradición india que hace del sabio brahmán Kauṭilya (alias Cāṇakya) un personaje histórico, el consejero y el inspirador de Candragupta el Mauya, que reinó en Magadha a fines del siglo IV a. C. y fue el abuelo del emperador Aśoka. La leyenda concerniente al papel político y a la situación histórica del autor del *Arthaśāstra* está representada en el drama de Viśākhadatta, el *Mudrārākṣasa* (¿siglos V, VIII o IX?, uno de los ejemplos de la incertidumbre de la cronología, incluso para los periodos tardíos de la antigüedad india). Ahora bien, en el primer acto de esta pieza política, se observa al brahmán hombre de Estado, mencionar con desprecio a un *kāyastha*, miembro de la casta de los escribas: "un *kāyastha*, elemento despreciable" (*kāyastha iti laghvī mātrā*).[26] Más adelante, Cāṇakya, habiendo imaginado un retorcido plan para apresar a sus enemigos mediante una trampa, decide redactar una carta que va a comprometerlos. Para esto, se hace llevar algo para escribir, luego cambia de opinión: "La escritura de un sabio brahmán, por más que se esfuerce, es verdaderamente ilegible..." En consecuencia, tendrá que recurrir a los servicios de un miserable escriba. Aunque se trate de una estratagema, no impide que las palabras que pronuncia sean reveladoras: en tanto técnica manual, la escritura no es el fuerte de los brahmanes; hay especialistas para ello; los brahmanes reconocen con descaro y hasta con cierto orgullo su torpeza en este campo. En cambio, lo que es exclusivo de su competencia, es el saber que cuenta verdaderamente, y en primer lugar, el texto revelado y sagrado, la *Śruti*, el Veda como "audición", que conocen por haberlo aprendido de memoria a fuerza de oírlo y repetirlo. Y el mejor brahmán es aquel que, como el Cāṇakya de esta obra, puede jactarse de ser un *śrotriya*, "sabio", versado especialmente en la masa de las secuencias sonoras que forman el auténtico saber.

Sin duda no hay que confundir *lekhaka* con *kāyastha*. El término *lekhaka* es abarcador: designa al que ejerce la actividad de *likh-*, "escribir", y está registrado, cualquiera que sea la acepción exacta, en las epopeyas y los textos de *dharma* anteriores al comienzo de nuestra era, así

[25] Cf. Scharfe, H., *op. cit.*, pp. 73, 334 y *passim*.
[26] Viśākhadatta, *Mudrārākṣasa*, Delhi, Motilal Banarsidass, 1965, p. 43.

como en el *Arthaśāstra*. Por el contrario, el término *kāyastha*, es un nombre de casta. Aparece primeramente en la *Yājñavalkyasmṛti*, texto que data del siglo IV o siglo V d.C.: "El rey debe proteger a sus súbditos de los estafadores, los violentos, los magos, los ladrones y especialmente de los *kāyastha*" (I 336). Pero, como se observa por el comentario *Mitākṣarā*, que glosa *kāyastha* por *lekhakā gaṇakāśka*, "los especialistas en escritura y contabilidad", los dos términos tienden a convertirse en sinónimos y las connotaciones despreciativas de *kāyastha*[27] se trasladan a *lekhaka*. Parecen surgir dos concepciones de las relaciones entre el "escribidor" (para retomar un neologismo de Claude Hagège)[28] y el rey: una antigua según la cual el hombre que escribe es para el rey una especie de instrumento pensante —debe esta categoría al hecho de que al conocimiento de la técnica escrituraria une los saberes que le permiten formular mejor el pensamiento del rey— y una más reciente, encarnada por los *kāyastha*, escribas hereditarios que progresivamente se constituyen en casta, monopolizan la administración, utilizan para su propio enriquecimiento los poderes que detentan y aparecen a los ojos del público teniendo siempre un escrito para exhibir; escrito amenazante que tiene la particularidad de pertenecer al arte del ilusionista y, sin embargo, de informar de la manera más dura y concreta, sobre la realidad. El ejemplo, tan característico, de documento escrito, documento indispensable, inevitable y a la vez, insoportable, es el contrato de endeudamiento (*Yājñavalkyasmṛti* II 84-94). Contra la crueldad, la avidez, la propensión al engaño de los *kāyastha*, se invocan la protección y la justicia del rey.

Este tema, la denuncia de los *kāyastha* (y de los *lekhaka* a los que se los asimila), se convierte en la literatura sánscrita en un lugar común que debe su suerte, sin duda, a los brahmanes: los *kāyastha* devienen poderosos en detrimento de aquéllos.[29] Todos los aspectos materiales de la producción de un escrito, los rasgos que se trazan y que rasga la punta del cálamo, la negrura de la tinta, el encadenamiento de la grafía que hace surgir y a la vez coagula una oleada de palabras excesiva-

[27] Sobre los *kāyastha*, véase P. Kane, *op. cit.*, p. 76; O. Botto, "Intorno ad alcuni temi di Rājanīti...", *Melanges d'indianisme...*, París, E. de Boccard, 1968, p. 167 s.; R. Thapar, *Ancient indian social history*, Nueva Delhi, Orient Longman, 1978, pp.137-140.

[28] C. Hagège, *L'homme de paroles*, París, Fayard, 1985, p. 90.

[29] Cf. R. Sharma, *Light on early indian society and economy*, Bombay, Manaktalas, 1966, p. 149 s.; J. Derrett, *Religion, law and the state in India*, Londres, Faber and Faber, 1968, p. 175.

mente significantes: son "caracteres" que afectan tanto el contenido del texto como al personaje del redactor. Se encuentra una pequeña antología poética de estos ataques y de estas quejas en la recopilación atribuida a Sāyaṇa, el *Subhāṣitasudhānidhi* (la composición dataría del siglo XIV, pero los elementos son extraídos de autores mucho más antiguos): la *kāyasthanindā*, la "censura de los *kāyastha*", a la que sigue enseguida una breve enumeración de las virtudes y competencias que se esperan del *śāsanalekhaka*, "redactor de los mandatos [del rey]". En cuanto al *kāyastha*, es atacado en once estrofas,[30] en las cuales está siempre designado sólo con este nombre:

Lo que es imposible: escribas (*lekhakajāti*) que no sean malvados, un fuego frío, un cuerpo exento de enfermedad, un médico que haga bien, una mujer virtuosa (estrofa 10).

Vomitando decenas de rasgos que laceran (*vilekhana*), anudando en guirnaldas palabras que fluyen, los cálamos (*lekhinī*) del escribiente de cifras, bien acerados, sin embargo, parecen hacer ejercicios en el aprendizaje de la calumnia (estrofa 4).

Si el *kāyastha*, cuando está en el vientre de su madre, no devora sus entrañas, tomándolas como vianda, es porque todavía no tiene dientes (estrofa 2).

La espina que está en el cuerpo y el *kāyastha*, ¿cómo actúan? Uno y otro, cuando se introducen en un organismo, enferman a todos los elementos (estrofa 3).

En esta última estrofa hay un juego con la etimología supuesta de *kāya-stha*, "quien se mantiene en el cuerpo". Esta etimología, cuyo uso veremos también en el discurso mitológico, no es obstáculo para otro análisis de la palabra *kāyastha* como formada por las sílabas iniciales de las palabras *kāka*, "cuervo", Yama, nombre del dios de la muerte, *sthapati*, "soberano".

¿Quién, pues, tomando del cuervo su avidez, de Yama su crueldad, del príncipe su constante violencia, y reuniendo las primeras sílabas de estos términos, ha creado al *kāyastha*? (estrofa 1).

[30] Sāyaṇa, *Subhāṣitasudhānidhi*, Dharwar, Karnatak University, 1968, p. 127 *sq.*

EL ESCRIBA DE YAMA

En la India no existe un mito sobre el origen de la escritura, y la escritura no tiene ningún lugar en el relato de los orígenes. En cambio los Purāṇa, "antigüedades", vastas compilaciones enciclopédicas que constituyen solidariamente la masa de los textos sagrados del hinduismo posvédico, contienen numerosos desarrollos sobre el nacimiento y la categoría del *kāyastha*. Estos pasajes, a veces repetitivos, se reagrupan bajo la entrada *kāyastha* en el *Śabdakalpadruma*.[31] El problema ideológico que se les plantea a los brahmanes que han compuesto o inspirado los Purāṇa es combinar la categoría, muy baja, de los *kāyastha*, dentro de una jerarquía fundada en la pureza —y de ahí la enorme distancia que los separa de los brahmanes— con su especialización, que sólo es tolerable porque se ejerce bajo la autoridad constantemente reafirmada de los brahmanes, bajo su sombra, por decir así. La idea es que el *kāyastha*, como el *śūdra*, ha salido de los pies de Brahman, el dios creador. Pero es un hijo menor que el *śūdra*, y por lo tanto, inferior a él. Las prohibiciones que pesan sobre el *kāyastha* se extienden todavía con más rigor respecto al conocimiento del Veda y a los ritos que implican la recitación de fórmulas védicas. En contrapartida, es *masīśa*, "maestro de la tinta", y le corresponde que, con su tinta y su cálamo, escriba todo, salvo, por supuesto, el Veda. Mientras que los miembros de las otras clases tienen, dentro de la sociedad, la categoría conferida por su relación con el Veda, el *kāyastha*, privado de estas marcas y de estos lazos, no puede vivir más que entregándose por entero al brahmán, intentando fundirse con él, perderse en él, en una *bhakti*, una devoción análoga a la que une, sin los obstáculos de las mediaciones rituales, al fiel con su divinidad. Así se justifica el nombre de *kāyastha*: a la interpretación sarcástica y lúdica citada anteriormente, se agrega el análisis de esta palabra en *ka-ā-āya-stha*, el que se mantiene (*stha*) permanentemente (*ā*) en proximidad (*āya*) de *ka-*, es decir, del dios "¿Quién?", otro nombre de Prajāpati y de Brahman, al que se identifica con el brahmán humano. Legitimación ambigua y condescendiente hecha por el brahmán, que acepta que el *kāyastha* esté pegado a su persona pero se mantiene en guardia: el dios Hara, exponiendo a su esposa Pārvatī el origen del *kāyastha* y la naturaleza de su saber, no deja de recordar que es *śaṭha*, "ladrón", y *catura*, "hábil".

[31] *Śabdakalpadruma*, Varanasi, 1967, vol. II, pp. 93-98, especialmente 93, col. 2.

Si no hay mito del origen de la escritura, existe un dios escribiente o, al menos, un personaje que ejerce la función de escriba en el mundo de los dioses y más precisamente en el mundo del dios de la muerte, Yama. Para juzgar a los muertos, Yama dispone de expedientes realizados por su secretario, Citragupta. Ya en el *Mahābhārata* XIII 130, pero sobre todo en los Purāṇa[32] y en textos literarios como el *Kathāsaritsāgara* LXXII 318-407 se ve actuar a este escribano al servicio del dios de la muerte. En la imaginería que acompaña la teoría del *karma*, su papel es determinante:[33] sin duda las acciones cumplidas por los hombres ocasionan, por un mecanismo propio, sus consecuencias; sin embargo, es necesario que este automatismo sea confirmado por un juicio explícito de Yama, a la vista del registro mantenido por Citragupta, cuyo nombre, según el *Śabdakalpadruma*, significa "el que conserva la diversidad [de las buenas y malas acciones de los hombres]". Tal es, en el mundo de las potestades divinas, la función de la escritura: concierne a los hombres, sirve para guardar la huella de los hechos que justificarán la sentencia que caerá sobre ellos. Y aunque el balance pueda ser positivo y haya renacimientos felices, o formas de vida felices en el más allá, estas sentencias, la mayoría de las veces, se perciben o se consideran como una condena.

Las escenas del juicio de los muertos, con Citragupta exhibiendo sus registros y sus instrumentos de escriba, Yama pronunciando sus veredictos y las imágenes de los tormentos que les esperan a los hombres, son el tema de los espectáculos callejeros que se organizan en torno del *yamapaṭa*, "tela de Yama".[34] El gran sabio y exquisito novelis-

[32] Cf. *Śabdakalpadruma*, ed. cit., bajo la sección "kāyastha"; igualmente p. 449, bajo "Citragupta". Véase también P. Kane, *op. cit.*, 1953, vol. IV, p. 160.

[33] Cf. Lévi, "La transmigration de âmes dans les croyances hindoues", *Conférences du Musée Guimet 1903-1904*, París, Paul Hartmann, 1937, p. 36 s.

[34] R. de Selva ha dedicado un profundo estudio a los *paṭuā*: "exhibidores de telas pintadas", de la Bengala contemporánea (R. de Selva, "Quand 'donner à voir' est 'écrire'…", en *Traditions orales dans le monde indien*, París, Éd. de l'EHSS, 1996, pp. 171-197). Estos relatores itinerantes, a quienes se los asimila con los mendigos, continúan la tradición de los *yama-paṭika*. Las imágenes que "dan a ver" y los textos que recitan desenvolviendo sus rollos, no se limitan, y están lejos de hacerlo, al juicio de los muertos. Pero encontramos aquí, por otro camino, a la escritura y los sentimientos de temor y de desconfianza que ella provoca. R. de Selva explica muy bien cómo, dado que la tela se percibe como un escrito (*lekha*) y su fabricación como un acto de escritura, "estos manipuladores de la palabra […] no obtienen más que la categoría de 'escritor', equivalente a la de artesano, muy inferior de la que se podría pretender de quienes detentan una palabra eficaz" (*ibid.*, p. 197). Vimos anteriormente que el segundo cuadro del pri-

ta Bāṇa (siglo VII) da una descripción de esto en el *Harṣacarita* (capítulo 5):[35]

Apenas había entrado en la calle del mercado vio a un exhibidor de tela de Yama (*yamapaṭika*) rodeado por un grupo de niños devorados por la curiosidad. Les explicaba los calamitosos acontecimientos del otro mundo, con una vara que blandía en su mano derecha, sobre una tela pintada (*citravati paṭe*) que representaba al rey de los difuntos (*pretanātha*) montado sobre su espantoso búfalo. Mantenía esta tela con la mano izquierda, tendida sobre un soporte de bastones rígidos. El viajero escuchó cantar a este hombre esta estrofa: "Miles de madres y padres, cientos de hijos y esposas, en cada era del mundo, desaparecieron. ¿De quién son? ¿De quién eres?"

Si el novelista menciona la vara con la que se sirve el relator-exhibidor, es porque este instrumento evoca simultáneamente el cálamo del escriba y el bastón de Yama. El mismo búfalo negro, montura de Yama, está asociado aquí a la funesta negrura de los signos escritos. En efecto, el mismo viajero, prosiguiendo su camino, descubre un pueblo preso de la inquietud y la tristeza. Se celebran allí los *koṭihoma*, sacrificios destinados a revertir la acción de los astros maléficos. El cielo está cubierto de rasgos grabados (*ullikhyamàna*), recorrido por estas brillantes líneas de escritura (*lekhā*) formadas por el humo de los *koṭihoma*, trazados, se diría, por las puntas (*koṭi*) de los cuernos del búfalo de Yama; y este cielo está preso en los lazos del nudo corredizo (*pāśa*) de aquel que pone fin (*kṛtānta*, uno de los nombres de Yama).

mer acto del *Mudrārākṣasa* (prosa después de la estrofa 18) está constituido por un diálogo entre un "exhibidor de imágenes de Yama" y el discípulo-servidor de Cāṇakya. De entrada sale a la luz la conexión (¡el parentesco!) entre este pobre mendigo especialista en Yama y el consejero real al que le pide que lo deje entrar: son, se dice, "hermanos en *dharma*". Comprendemos que el relator itinerante conoce bien a quien tiene trato con el rey de los muertos, cuyo otro nombre es "rey del *dharma*", y que el maestro en ciencia política teórica y práctica está al servicio de un rey terrestre que también quiere ser *dharmarāja*. La continuación muestra que este *yamapaṭika* es, en realidad, un agente secreto de Cāṇakya que vino para hacerle su informe. El *yamapaṭika* figura en la lista de los diferentes tipos de espías, que se distinguen según su modo de acción y su "máscara" en el *Nītivākyāmṛta* de Somaveda Sūri XIV 8 (cf. O. Botto, *Il Nītivākyāmṛta di Somadeva Sūri*, Turín, G. Giappichelli, 1962). Aparece también en la narración en prosa que resume la obra de Viśākhadatta, la *Mudrārākṣasanāṭakakathā* de Mahādeva; sobre esto, véase S. Piano, *La Mudrārākṣasanāṭakakathā de Mahādeva*, Turín, Univ. de Torino, 1968, especialmente, pp. 17 y 82.

[35] Bāṇa, *Harṣacarita*, Varanasi, The Chowkhamba Vidyabhawan, 1964, p. 264.

Inseparable de la crueldad del mensaje, la negrura de la escritura se comunica al cuerpo del mensajero, quemado por el sol y tropezando por el peso de la noticia que lleva. El turbante índigo donde ha deslizado la carta es como un jirón de nube negra, dispuesto a lanzar el rayo de las malas noticias.[36] En este mismo capítulo, Bāṇa describe a un moribundo invadido por síntomas siniestros que los médicos, al observarlos con terror, interpretan como las cartas (*akṣara*) de la convocación enviada por Yama (*antakāhvana*).[37]

Negrura de la tinta, dureza del trazo. Término de comparación para el autor del *Naiṣadhacarita*, con el fin de hacer sentir el dolor que causa una palabra hiriente:

> esta palabra que has dicho, hecha de sílabas malvadas, esta falsedad que me deshonra, sale de tu boca con la consistencia de la tinta, como si participara de la forma de la escritura (*lipirūpabhāg iva*); al entrar en mi oreja, produce extraordinarios sufrimientos (*utkaṭa*), como lo harían versos que roen (*kīṭa*) (IX 63).

Con esta última imagen no salimos del campo de la escritura; una expresión ingenua pero reveladora, muy corriente en la India, dice que existen cinco procedimientos de escritura: la de los gestos (*mudrā*); la que revela el arte del escultor, del *śilpin*; la que producen el cálamo o el pincel (*lekhanī*); la que se ejecuta con la harina o el polvo (*guṇḍikā*); por último, la que trazan en la madera o el papel los insectos o el gusano (*ghuṇa*), versión india de la "crítica roedora de los ratones" que no destruye un texto ya existente pero fabrica, mediante agujeros, un nuevo texto.

Yama y su escriba Citragupta están ligados el uno al otro por su común manipulación de la tinta. He aquí un ejemplo extraído del *Naiṣadhacarita* (XIV 6). Como otros cuatro dioses, Yama, enamorado de la princesa Damayantī, se le presenta bajo los rasgos de Nala, su bienamado. Llega el momento en que cada uno de estos dioses debe manifestarse bajo su auténtica forma divina. Entonces, Yama se vuelve visible (*dr̥ggocara*) en toda su negrura: hasta ese momento, "se mantenía en el cuerpo" (estaba *kāya-stha*) de Nala, es decir, en un cuerpo perfectamente semejante al de Nala; estaba "maravillosamente disimula-

[36] *Ibid.*, p. 259.
[37] *Ibid.*, p. 270.

do" (es una de las lecturas posibles de la palabra *citra-gupta*). Ahora aparece tal como es real, divinamente, distinguiéndose del inseparable compañero cuyos nombres y títulos se habían convertido para él mismo en epítetos descriptivos: y se ve al verdadero Citragupta expandir la tinta sobre una hoja, para inscribir en ella los hechos y los gestos de los mortales, mientras Yama, con un movimiento simétrico, pone una hoja en un lecho de tinta, para hacer saber, nos dice el comentario de Nārāyaṇa, que es Yama, es decir Kāla, es decir, a la vez el Tiempo y lo Negro.

Menos alambicado pero también muy sugestivo de la conexión entre el poder de la muerte y el acto de escribir, es la estrofa II 23 del *Kumārasambhava* de Kālidāsa: un rey totalmente justo reina sobre la tierra, los súbditos disfrutan de una felicidad sin fin, y la muerte permanece ociosa e impotente.

> El mismo Yama escribió en el suelo, con su bastón, de ahora en adelante debilitado y blando; este bastón era infalible, sin embargo, Yama lo convirtió en un objeto inútil, su punta dejó de ser incandescente.[38]

En la India hindú, la escritura es ante todo transcripción. Técnica notablemente elaborada y eficaz, cuya excelencia consiste en estar al servicio de la palabra oral y, por lo tanto, subordinarse a ella. El saber y la reflexión sobre los rasgos pertinentes de los fonemas y sus variantes contextuales, precedieron y determinaron directamente la formación de los alfabetos escritos.[39] Apenas comienza con el aprendizaje del sánscrito, le salta a la vista al estudiante que el orden de las "letras" es una enumeración exhaustiva, metódica, razonada, si se puede decir así, de los sonidos de la lengua. Ocurre lo mismo, en gran medida, con las otras lenguas de la India antigua, cualquiera que sea la forma gráfica que cada alfabeto presente para cada letra. Esta técnica de la

[38] Ya en los tiempos védicos, cuando Yama ejerce su soberanía sobre los muertos sin recurrir a la escritura ni a los servicios de un escriba, tiene a la vara entre sus emblemas. La vara conserva todo el simbolismo real del bastón pero también puede convertirse en flecha mortal. Véase esta interpretación en H. Krick, *Das Ritual der Feuergrundung*, Viena, Verlag der O. Akademie, 1982, p. 347, nota 930, que cita *Atharva-Saṃhitā* XII 2,54 y se refiere, para asociar la vara con esta fuerza de destrucción y de desorganización que es la *Nirṛti*, a *Kauśika-Sūtra* XVIII 1-18.

[39] Cf. H. Scharfe, *A History of Indian Literature*, 1977, p. 79; G. Fussman, "Les premiers systèmes d'écriture en Inde", *Annuaire du Collège de France*, París, 1988, p. 511 s.; M. Falk, *op. cit.*, 1993, p. 134.

escritura, ampliamente difundida, que en principio no es sino un medio de registrar fielmente la palabra dicha, provoca entre quienes hacen de esto su oficio, complejas actitudes que a menudo revelan, como hemos visto, temor y desconfianza. El conocimiento de la escritura y de los textos escritos no se confunde con el saber. En la India hindú y hasta en la de nuestros días, se puede ser muy sabio y permanecer completamente iletrado. Hay zonas del saber, las que son más importantes, que están prohibidas a la escritura o, al menos, a las que se prohibe iniciarse por intermedio de un texto escrito; es el caso del saber por excelencia, el Veda, del que se afirma costantemente desde fines del periodo védico, que no se puede aprender más que de la palabra viva de un maestro: así *Gopatha-Brāhmaṇa* I 31, para la obligación positiva, "todos los Veda se aprenden oralmente", y para la prohibición, Kumārila, *Tantravārttika* ad *Jaimini-Sūtra* I 3,7:[40] "se considera que no hay conocimiento del *dharma* a partir de un Veda conocido de manera impropia, o mediante un texto escrito, ni tampoco estudiado a través de un *śūdra*". Por otro lado, lejos de considerar que lo que se puso por escrito tiene posibilidad de conservarse mejor que lo que se guarda en la memoria, la India tradicional —como lo atestiguan numerosos refranes y como lo observa con asombro Al Biruni—[41] está en alerta contra las faltas que se corre el riesgo de cometer dando forma escrita a un texto, también contra la pereza y la negligencia de aquellos que sólo cuentan con los libros y, por último, contra el carácter ilegítimo y a la vez precario del saber libresco.[42] Al mismo tiempo, la escritura es temible. Sus peligros no se relacionan sólo con sus insuficiencias; también provienen del lazo que está instaurado entre el gesto de escribir y lo escrito, por una parte, y el poder real, por otra parte, en tanto que éste tiene por modelo inexorable la realeza de Yama y, por extensión, el poder del acreedor y escriba que está a su servicio. De los mensajes infinitamente variados que puede contener un texto escrito, la literatura conserva con más gusto y parece considerar como más típicos aquellos que registran advertencias o sentencias y mortifican a los que éstas se refieren. La escritura, la línea de escritura, se convierte en metáfora de los límites infranqueables fijados por

[40] Kumārila, *Tantravārttika* ad *Jaiminimīmāṃsādarśana*, Poona, ed. 1970, p. 13.

[41] Cf. E. C. Sachau, *Al Biruni's India*, Londres, Routledge and Kegan Paul, 1910, p. 125.

[42] Cf. Ch. Malamoud, "Parole à voir et à entendre", *Cahiers de littérature orale*, 21, París, 1987, pp. 151-161; y C. M., *Cuire le monde*, París, La Découverte, 1989, p. 304 s.

el destino, el tiempo o la muerte: ningún hombre es bastante hábil como para franquear la línea escrita (*lekhā*) o trazada, por el destino (*niyatilikhitā*). En la escritura, lo que espanta no es que sea letra muerta, es que sea mortífera: como si la línea de escritura fuera por naturaleza una *dead line*.[43]

SÍMBOLO GRÁFICO, SÍMBOLO VOCAL

Un indicio, es verdad que negativo, del poco amor por la escritura, es el lugar tan reducido que realmente ocupa la caligrafía en el arte indio premusulmán, y la ausencia de una reflexión que se apoye en el simbolismo o la estética de la forma de las letras. Por cierto que se aprecia mucho una bella escritura, una página bien compuesta con líneas muy regulares, y existen inscripciones sobre piedra o láminas de cuero que son verdaderas obras de arte.[44] Pero no es propio de la tradición india tratar a la línea escrita como un elemento ornamental ni jugar libremente con el tamaño o la forma de los caracteres, ni romper con la linealidad significante para producir lo que sería el análogo de los "arabescos". Y si se le aconseja al *lekhaka* conocer bien los diferentes alfabetos, no parece que puedan darse variaciones estilísticas en el interior de un alfabeto dado. Sobre todo, hace falta una especulación sobre el poder evocador de cada letra en tanto objeto percibido por el ojo, y la aptitud o la propensión a aceptar la presencia o el surgimiento de signos gráficos en la naturaleza. Pensemos, por con-

[43] Incluso en un cuento fantástico con final feliz, donde la escritura juega un papel completamente positivo, como la historia de Mātaṅga, en el capítulo II del *Daśakumāracarita* (4ta. Ed. Kale, Delhi, Motilal Banarsidass, 1966, p. 25; M. Porcher, Daṇḍin, *Histoire des dix princes*, París, Gallimard, 1995, p. 80), este lazo entre el texto escrito, que aparece como una orden del destino, y el dominio de la muerte, está especialmente subrayado: Mātaṅga, que ha adquirido muchos méritos por haber salvado la vida de un brahmán, recibe de Śiva, de quien se ha convertido en devoto, la orden de descubrir cierta grieta en el bosque, cerca de un peñasco marcado por las huellas de los pasos de Pārvatī. A la entrada de esta falla debe encontrar una lámina de cuero (*tāmra*) que tiene una instrucción (*śāsana*) en la cual se le indica ver una señal del destino mismo: siguiendo estas órdenes Mātaṅga se desliza por la hendidura y desemboca en un mundo donde ofrece un sacrificio, tomando a su propio cuerpo como oblación; recibe a cambio un cuerpo luminoso que le permitirá, después de esta muerte, convertirse en el soberano de un *Pātala*, una de las regiones de los Infiernos.

[44] Cf. C. Sivaramamurti, *L'art en Inde*, París, Lucien Macenod, 1974, p. 62 s.

traste, en estos versos del *Purgatorio* (XXIII 32 *s.*) donde Dante nos hace leer la palabra "hombre" en el rostro humano: "*chi nel viso de li uomini legge 'omo'/ ben avria quivi consciuta l'emme*" [quien en el rostro de los hombres leyera 'omo'/ podría reconocer la *eme*];[45] cada órbita ocular es una *o*, y la línea que une las cejas pasando por la saliente de la nariz forma una *M* muy clara en un rostro demacrado; la *h* se omite porque "no es una letra" sino el signo de una aspiración, dice el comentario de Pietro, hijo del poeta.[46]

Por supuesto, nuestra observación es demasiado perentoria, y siempre es aventurado afirmar, en términos generales, una ausencia. Al reflexionar sobre la estética de la escritura en India, habría que tener en cuenta estos poemas que S. Lienhard, en páginas muy esclarecedoras, comparó con caligramas.[47] En efecto, hay en la poesía sánscrita (y la indio-media) formas que se destacan en el *carmen figuratum* y que se llaman *citrakāvya*. Al lado de restricciones puramente fónicas (limitarse al empleo de un pequeño número de fonemas, o prohibir el empleo de cierta clase de fonemas muy frecuente en la lengua común), existen reglas que hacen suponer que estos poemas también son considerados en su forma escrita: secuencias de signos silábicos gráficos producen los mismos encadenamientos fónicos, que se leen normalmente línea tras línea, de izquierda a derecha y de abajo hacia arriba, o siguiendo un recorrido predeterminado que combina alternativamente la lectura horizontal con la vertical. Una variedad de *citrakāvya* es el *citrabandhu* o caligrama propiamente dicho: los signos gráficos se disponen en líneas que dibujan los contornos del objeto evocado por el texto.

Los efectos visuales así obtenidos, por lo tanto, están causados por la organización o la forma de las líneas de escritura, no por el dibujo de las letras individuales, como en el verso de Dante citado más arriba. Es que, cuando se penetra en esta zona de la religión india llamada tantrismo, uno se introduce en prácticas de culto y especulaciones que incluyen la meditación sobre fonemas, inseparable, parece, de la contemplación de los grafismos correspondientes.[48] Hay gestos rituales que consisten en "depositar" o "colocar", después de haberlas tra-

[45] J. Risset, *Dante. La Divine Comédie*, París, Flammarion, 1990, p. 214 y nota p. 330.
[46] Véase la nota de Pézard, *Dante. Œuvres complètes*, París, Gallimard, 1965, p. 1281.
[47] Especialmente, S. Lienhard, *op. cit.*, pp. 154-158.
[48] Cf. T. Goudriaan, y S. Gupta, *A history of indian literature*, 1981, pp. 130-136.

zado, todas las letras del alfabeto: es el *lipinyāsa* enseñado por el *Agni-Purāṇa* (cap. 293). Este mismo Purāṇa (verso 51) nos da a conocer a una Lipidevī, "diosa de las letras" o "diosa de la escritura": en efecto, una forma de la diosa de la Palabra, Vāgīśā, Vāgīśvarī, de la que nos dice el *Śāradātilaka* que "tiene un cuerpo hecho de escritura" (ella es *lipitanu*: VII 15), "un cuerpo hecho de letras" (*varṇatanu*: VI 1) y que "consiste en letras" (*varṇātmikā*: II 10), y que "sobre su cabeza, sus brazos, sus pies, su cintura y su pecho, se reparten los cincuenta signos escritos del alfabeto" (VI 4).[49] Sin embargo, hay que evitar atribuir puramente a lo escrito lo que, de hecho, tiene por fundamento a la palabra. La diosa Lipidevī tiene por atributo un libro (*pustaka*) que tiene entre las manos, pero las letras que constituyen su propio cuerpo no son otra cosa que el alfabeto, es decir, el listado de los signos que registran el sistema fónico y, muy probablemente, estos signos estén agrupados en las partes de su cuerpo siguiendo las características articulatorias de los fonemas a los cuales corresponden, como se dice a propósito de la *bhūtalipi* en la *Saundaryalaharī* 34. En cambio, no se hace ninguna mención aquí del valor que le correspondería a cada letra individual, considerada en su forma gráfica y tomada en tanto soporte de meditación.[50]

Sin embargo, un elemento del sistema gráfico es susceptible de convertirse en un icono, no solamente en el tantrismo sino en la tradición hindú en general: la exclamación mística *oṃ* (que se puede expandir en *auṃ*). Generalmente se transcribe por el signo que registra los sonidos *o* o *au*, acompañados del que da la "resonancia nasal" *ṃ*, pero también puede ser representado por una especie de emblema, de dibujo propio que vale para todas las escrituras de la India. Este emblema es objeto, a partir del *Gopatha-Brāhmaṇa*, de una exégesis tendiente a dar sentido y función a las curvas y al punto que lo constituyen. Dicha exégesis se injerta en la que toma por materia los sonidos en los que se descompone la sílaba *oṃ* o *auṃ* y analiza también la categoría gramatical de esta exclamación.[51]

[49] Cf. M. Malmann, *Les enseignements iconographiques de l'Agni Purāṇa*, París, PUF, 1963, p. 190 *sq*.

[50] Sobre Lipidevī, y más generalmente sobre la compleja interacción de la oralidad y la escritura en el tantrismo, véase Padoux, "L'oral et l'écrit, mantra et mantraśāstra", *Traditions orales dans le monde indien*, París, Éd. de l'EHSS, 1996: especialmente, p. 138 s. En este denso texto, Padoux puntualiza el tema y resume el recorrido de una amplia investigación a la que él mismo contribuyó enormemente.

[51] Cf. Ch. Malamoud, "Parole...", *op. cit.*, pp. 155-161.

Ahora bien, esta percepción gráfica de *oṃ* no está reservada a los textos estrictamente religiosos. También proporciona una ocasión para que el *Naiṣadhacarita* ejerza su pedantería poética. Se trata en principio de una composición a la manera de Arcimboldo para celebrar y convertir en alegoría las partes del cuerpo de la diosa de la Palabra: su garganta es la sede de la música; las redondeces de su figura, los tres Veda; sus dos brazos, los metros basados en el número de las sílabas y los que están basados en su combinación; la unión de sus brazos con sus antebrazos, la cesura entre los hemistiquios; su cintura, la ciencia de la gramática (formada por estos "hilos" que son los "aforismos", *sūtra*); sus labios, los dos adversarios que se oponen en las controversias; sus dos muslos, la Mīmāṃsā primera y la Mīmāṃsā segunda; sus treinta y dos dientes, los dieciséis temas de la lógica, enumerados dos veces; la línea de vello negro que corre de su ombligo a su pubis, el Atharva-Veda; los dedos de sus manos, cálamos de oro; su cabellera, la esencia de las tintas; el brillo de su sonrisa, la esencia de la tiza... Para completar este conjunto,

el Creador le hizo dos cejas en el medio de los dos trazos curvos que forman el *praṇava* [el emblema gráfico para *oṃ*] y una marca adelante en el medio del *bindu* [el punto que indica la "resonancia nasal"]... las curvaturas de sus dos orejas, las hizo con la esencia del signo en forma de círculo que indica el fin de una palabra [es decir, el *visarga*, aspiración sorda que sustituye a la *-s* en posición final]... (*Naiṣadhacarita* X 73-87).

El *bindu*, que también es la "gota", deviene el punto donde se concentra toda la claridad de la luna (*indu*): el dios Indra se sirve de esta luminosidad para leer (*paṭhitum*), sobre la frente de Nala, los signos que son como una escritura (*lipim iva*) y que le harán saber si Damayantī está destinado o no a desposar a este príncipe (*ibid.*, XV 65). Además, el poeta le encuentra un destino a los trazos verticales y horizontales que, sobre los manuscritos de los textos védicos, destacan, coronan o rodean los signos que anotan las vocales acentuadas: al esbozar una correspondencia entre los cuerpos celestes y los signos gráficos, estos "acentos" se identifican con rayos tomados del disco lunar (*ibid.*, XIX 7)...

Por último, una cifra. Sobre el cuerpo de Damayantī, "esta línea" (*rekhā*), profundamente hundida en el interior de sus orejas, ¿no es una nueva (*nava*) manera de mostrar el número nueve (*navāṅka*)? ¿Indicará que los dieciocho saberes, divididos en dos, están contenidos por mitades en sus dos orejas?" (*ibid.*, VI 63).

Lo que el poeta nos invita a leer, en los signos del cielo o sobre el cuerpo de las mujeres, son las marcas de los caminos que, recorridos por los ojos, conducen la mirada hasta la sede del saber verdadero, hasta el órgano que recoge las vibraciones de la palabra sonora.

NOTA SOBRE LA APARICIÓN DE LA ESCRITURA EN LA INDIA

Los más antiguos textos indios que se conocen en forma escrita y que son, por lo tanto, los primeros testimonios indiscutibles del uso de la escritura en India (si se dejan aparte las tablillas y los sellos con inscripciones de Mohenjo Daro, que hasta el presente se han resistido a todos los esfuerzos por descifrarlos y que pertenecen a una protohistoria que no se puede vincular directamente con los comienzos de la tradición continua de la civilización india) son los edictos de Aśoka. Estas inscripciones sobre columnas y en piedras, dispersas en todo el subcontinente, datan de mitad del siglo III a.C. Fueron descubiertas y comenzaron a ser descifradas e interpretadas en 1857 por J. Prinsep. Desde entonces, los historiadores no dejan de debatir problemas como los siguientes:

- ¿Cuál es el origen de los dos sistemas de escritura testimoniados por las inscripciones de Aśoka, la *kharoṣṭhī* y la *brāhmī*? Estas dos escrituras, ¿resultan de una invención autóctona o son la transformación de modelos exteriores?
- ¿Cuál es, exactamente, la relación entre estas escrituras?
- ¿Han pasado por procesos de adaptación, elaboraciones progresivas, antes de tomar la forma con que las vemos en estos documentos, o la tuvieron así desde un principio? La perfección de la escritura *brāhmī*, es decir, el hecho de que transcriba de manera precisa y regular los sonidos del lenguaje, ¿debe entenderse como el fruto de una larga maduración, o es más bien un argumento para sostener que se trata de un sistema elaborado rápidamente por algunos espíritus enérgicos?
- ¿Qué conclusiones extraer de lo que se supone son alusiones a la lectura y la escritura en los textos que sabemos que son anteriores, algunos de ellos en siglos, a los edictos de Aśoka?
- La inmensa literatura constituida en India en el curso del milenio precedente, ¿pudo ser compuesta y transmitida sin recurrir a la escritura? ¿Es posible imaginar que sea totalmente oral? ¿O hay que distinguir, con todas las incertidumbres propias de la cronología de la India antigua, entre periodos puramente orales y periodos más recientes marcados por la adopción de la escritura?

- Saber que la escritura existe, e incluso conocer su funcionamiento, ¿implica necesariamente que ella se utiliza?

A pesar del aumento de los conocimientos fácticos y de la profundización de la reflexión teórica, las preguntas se plantean hoy en día casi en los mismos términos que a comienzos del siglo XX. En sentido general, las controversias más vivas se basan en el Veda. Se concuerda, en general, en pensar que los poemas védicos pertenecen a la esfera de lo oral. Pero ¿qué ocurre con estos largos tratados en prosa que son los Brāhmaṇa y con los Sūtra, recopilaciones de aforismos prescriptivos que forman el armazón de las ciencias auxiliares del Veda?[1]

Sobre la cuestión de los Sūtra, quizá la más espinosa, recordemos que a Max Müller, que databa los comienzos de la escritura de la India en "el periodo de los *sūtra*", L. Renou le replica que justamente es el género *sūtra* el que menos requiere del recurso de la escritura, puesto que la brevedad y la densidad de las frases las vuelven susceptibles de ser memorizadas.[2] Sin duda. Pero quizás habría que distinguir entre lo que necesita la composición de un texto y las características que facilitan su transmisión. Es cierto que los Sūtra, por medios distintos de los de la poesía, se concibieron para ser confiados a la memoria. Pero el encadenamiento de estos "hilos", sobre todo aquellos que tejen la gramática, supone de parte de los autores una previsión de todos los detalles de conjunto, una memoria razonadora, una potencia intelectual, de la que no se entiende cómo podría desplegarse sin la ayuda de la escritura.[3] Una vez constituido tal texto, a pesar de su longitud y de la extrema dificultad de su contenido, se aprende de memoria por la escucha y no por la lectura. No nos preguntamos si esto es posible: es así, lo comprobamos. Innumerables son los testimonios, antiguos y modernos, indígenas y extranjeros, sobre la prodigiosa ca-

[1] Los trabajos de los indianistas sobre todas estas cuestiones, están registrados, resumidos, reagrupados y comentados por tema en la bibliografía crítica, no exhaustiva, es cierto, pero no obstante muy amplia, de Falk (H. Falk, *Schrift im alten Indien*, Tübingen, Gunter Narr Verlag, 1993). Es necesario agregar, al menos, a L. Renou, *Sanskrit et culture*, París, Payot, 1950, pp. 34-39; *Études védiques*, París, E. de Boccard, 1960, t. V, p. 40 s.; "Sur le genre...", *Journal Asiatique*, 1963, t. CCLI, p. 199 y nota 75; H. Scharfe, *A history of indian...*, Wiesbaden, O. Harrassowitz, 1977, vol. V, p. 79 y 133; K. Janert, *Bibliographie...*, Bonn, Wissenschaftsverlag, 1995.

[2] Renou, Filliozat *et al.*, *L'Inde classique*, París, Payot, 1947, p. 222 s.; "Sur le genre...", *op. cit.*, p. 199 y nota 175.

[3] Cf. H. Scharfe, *op. cit.*, p. 113.

pacidad de memorización de los eruditos indios, y sobre el rigor y la riqueza de los procedimientos mnemotécnicos puestos a punto desde el "periodo de los sūtra", por lo menos.[4]

Pero al tratarse del Veda, la controversia sobre la escritura se inserta en un debate más amplio respecto a la relación entre visión y audición. Para la tradición india, desde el *Aitareya-Brāhmaṇa* VII 8, la "revelación" védica es una *śruti*: un conjunto de fonemas para oír y hacer oír. Sin embargo, los *ṛṣi*, estos hombres con un poder sobrenatural que tuvieron la intuición de las diferentes partes y las diferentes versiones de esta masa de secuencias sonoras, tienen un nombre que, según una etimología referida en *Nirukta* II 11, deriva de la raíz *dṛś*, "ver". El *ṛṣi* es un "vidente". Inaceptable para el lingüista, esta interpretación corresponde, sin embargo, a la función que los textos atribuyen a estos personajes: los *ṛṣi* han "visto" el Veda.[5] Pero nada en el mismo Veda (ni en el Brāhmaṇa ni *a fortiori* en los himnos) permite afirmar que lo que los *ṛṣi* han visto es un teatro escrito. Mejor dicho —y es por eso que son "visionarios"— se considera que han visto las realidades o la realidad misma que las palabras védicas hacen conocer fragmentariamente. Curiosamente, el *Naiṣadhacarita*, texto tardío de la poesía sánscrita, relevante respecto a la ciencia y la virtud más que en lo tocante a la inspiración, da cuenta de manera sugestiva de esta correspondencia entre visión cósmica y sonoridad védica: hablando de un país donde reina la perfección y en el que la edad de hierro, que es la nuestra, todavía no pudo alterar, el poeta muestra a los súbditos absorbidos en la realización de las tareas rituales que prescribe el Veda y, sobre todo, en la recitación de los mismos textos védicos, de las diferentes partes o versiones ("ramas") que forman el corpus védico:

> los rayos del sol son el ornamento alrededor de la región. Toman formas que representan las mil ramas de los cuatro Veda. Es su eco (*pratidhvani*), eco que consiste en palabras del Veda, lo que sobre el camino (*adhvani*) del cielo se eleva de la boca de los recitantes (*Naiṣadhacarita* XIX 10).

[4] Cf. H. Falk, *op. cit.*, pp. 321-327.

[5] Sobre la facultad de "ver" que les es propia, cf. S. Lévi, *La doctrine du sacrifice...*, París, PUF [1898] 1966, pp. 143-151; Gonda, J., *The vision of the vedic poets*, La Haya, Mouton, 1963 *passim*; *Vedic literature*, Wiesbaden, O. Harrassowitz, 1975, pp. 65-78.

BIBLIOGRAFÍA

TEXTOS SÁNSCRITOS

Agni-Purāṇa, ed. por Āchārya Baladeva Upādhyāya. Varanasi ("Chowkhamba Sanskrit Series. The Kashi Sanskrit Series", 174), 1966.

Aitareya-Brāhmaṇa, ed. Āpṭe. Poona ("Ānandāśramasaṃskṛtagranthāvali", 32), 1930, 2 vols.

Annaṃbhaṭṭa, *Tarkasaṃgraha*, ed. por Satkāriśarma Vaṅgīya. Varanasi ("Chowkhamba Sanskrit Series. The Kashi Sanskrit Series", 187), 1969 [véase Foucher, 1949].

Atharva Veda Saṃhitā, ed. por R. Roth y W. Whitney, Berlín, Dümmler, 1924.

Bāṇa, *Harṣacarita*, ed. por J. Pāṭhaka, Varanasi, The Chowkhamba Vidyabhawan ("The Vidyabhawan Sanskrit Granthamala", 36), 1964.

Bāṇa, *Kādambarī*, ed. por M. R. Kale, 4a. edición, Delhi, Motilal Bonarsidass, 1968.

Bṛhad-Āraṇyaka-Upaniṣad, texto con traducción francesa y notas por E. Senart, París, Les Belles Lettres, 1934.

Daṇḍin, *Daśakumāracarita*, ed. por M. R. Kale, 4a. edición, Delhi, Motilal Banarsidass, 1966 [Véase Porcher 1995].

Jaimini, *Srīmajjaiminipraṇītam mīmāṃsādarśanam*, con el *Bhāṣya* de Śabara y el *Tantravārttika* de Kumārila, ed. por K.V. Abhyaṃkar y P. G. Jośī, Poona ("Ānandāśramasaṃskṛtagranthāvalih", 97), 1973-1981, 7 vols.

Kālidāsa, *Kumarāsambhava*, ed. por M. R. Kale, 6a. edición, Delhi, Motilal Banarsidass, 1981.

Kālidāsa, *Raghuvaṃśa*, ed. por G. R. Nandargikar, 4a. edición, Delhi, Motilal Banarsidass, 1971 [véase Renou: 1928].

Kālidāsa, *Śakuntalā*, ed. por Monier Williams, Oxford, Clarendon Press, 1876; reimpr. Varanasi ("Chowkhamba Sanskrit Series. Studies" XII), 1961 [véase Bansat-Boudon, 1996].

Kālidāsa, *Vikramorvaśī*, ed. por M. R. Kale, 11a. ed., Delhi, Motilal Banarsidass 1967 [véase Bansat-Boudon, 1996].

Kātyāyana-Śrautasūtra (y el comentario moderno: *Saralavṛtti*), ed. Kāśī, Acyutagranthamālākāryālaka, samvat, 1987.

Kauśikasūtra, ed. por M. Bloomfield, 1889; reimpr. Delhi, Motilal Banarsidass, 1972.

Kauṭilya, *Arthaśāstra*, ed. por R. P. Kangle, *The Kauṭilīya Arthaśāstra*, parte I, edición crítica con glosario, Bombay, University of Bombay, 1960 [véase también Kangle, 1963 y 1965].

Lakṣmaṇadeśika, *Śāradātilaka*, ed. por M. J. Bakshi, Varanasi ("Chowkhamba Sanskrit Series. The Kashi Sanskrit Granthamala", 107), 1963.

Mahābhārata, con comentario de Nīlakantha, Poona, Chitrashala Pres, 1929-1933, 6 vols.

Mīmāṃsakoṣaḥ, ed. Kevalānandasaraswatī, Wai, 1952-1966, 7 vols.

Rājaśekhara, *Kāvyamīmāṃsā*, ed. por C. D. Dalal y R. A. Sastry, 3a. edición, Baroda ("Gaelkwad's Oriental Series"), 1934 [véase Stchoupak y Renou, 1946].

Rāmānuja, *Brahmasūtraśrībhāṣya*, Bombay, The Pandit, 1899.

Śabdakalpadruma, compilado por Raja Radha Kanta Deva, Calcuta, 1887, 5 vols.; reimpr. Varanasi ("Chowkhamba Sanskrit Series", 93), 1967.

Śaṅkara, *Brahmasūtraśaṅkarabhāṣya*, con los comentarios *Ratnaprabhā*, *Bhāmatī*, *Ānandagirīya*, Bombay, "Nirṇaya-Sâgar" Press, 1904.

Saundaryalaharī, ed. por N. S. Venkatanathacarya, Mysore ("Oriental Research Institute Series", 114), 1969.

Sāyaṇa, *Subhāṣitasudhānidhi*, ed. por K. Krishnamoorthy, Dharwar, Karnatak University, 1968.

Somadeva, *Kathāsaritsāgara*, ed. por Jagadīśalālaśāstrī, Delhi, Motilal Banarsidass, 1970.

Śrīharṣa, *Naiṣadhīyacaritam*, ed. por Nārāyaṇa Rāma Ācārya, 9a. edición, Bombay, Nirṇaya Sāgar Press, 1952.

Viśākhadatta, *Mudrārākṣasa*, ed. por M. R. Kale, 5a. edición, Delhi, Motilal Banarsidass, 1965.

Yājñavalkyasmṛti, ed. por Nārāyaṇa Rāma Ācārya, Bombay, Nirṇaya Sāgar Press, 1949.

Yāska, *Nirukta*, véase Sarup, 1922.

TRADUCCIONES COMENTADAS, ESTUDIOS

Arrien, *L'Inde*, texto establecido y traducido por P. Chantraine, París, Les Belles Lettres, 1927.

Bansat-Boudon, Lyne, *Poétique du théatre indien. Lectures du Nāṭyaśāstra*, París, EFEO ("Publications de l'École francaise d'Extrême-Orient", vol. 169), 1992.

Bansat-Boudon, Lyne, *Le Théâtre de Kālidāsa*, traducido del sánscrito y del prácrito, presentado y anotado por L. B.-B, París, Gallimard ("Connaissance de l'Orient"), 1996.

Basham, A. L., *The wonder that was India*, Londres, Sidgwick and Jackson, 1954.

Bergaigne, A., *La Religion védique d'après les Hymnes du Rig-Veda*, París, Vieweg, 1878/1883, 3 vols.

Bergson, Henri. *Les Deux Sources de la morale et de la religion*, París, PUF, 1932.

Bhattacharji, S., *The Indian Theology. A Comparative Study from the Vedas to the Purāṇas*, Cambridge University Press, 1970.

BIARDEAU, M., *L'Hindouisme, anthropologie d'une civilisation*, París, Flammarion, 1981.

——, *Études de mythologie védique*, Pondichéry, Publications de l'École française d'Extrême-Orient, 1994, t. II.

Bodewitz, H. W., *The daily evening and morning offering (Agnihotra). According to the Brāhmaṇas*, Leyde, E. J. Brill, 1976.

Böhtlingk, O. y Roth, R., *Sanskrit-Wörterbuch herausgegeben von der kaiserlichen Akademie der Wissenschaften, bearbeitet von O. B. und R. R.*, Saint-Pétersbourg, 1855-1875, 7 vols.; reimpr. Osnabrück, Wiesbaden, Otto Zeller, Otto Harrassowitz, 1966.

Bollée, W. B., *Ṣaḍviṃśa-brāhmaṇa. Introduction, Translation, Extracts from the commentaries and notes*, Utrecht, 1956.

Botto, O., *Il Nītivākyāmṛta di Somadeva Sūri*, Turín, G. Giappichelli, 1962.

——, "Intorno ad alcuni temi di Rājanīti del Viṣṇudharmottara-purāṇa", *Mélanges d'indianisme à la mémoire de Louis Renou*, París, E. de Boccard ("Publications de l'Institut de civilisation indienne". ser. in 8a., fasc. 28), 1968.

Brough, J., *The early brahmanical system of Gotra and Pravara*, Cambridge, University Press, 1953.

Bühler, G., *Manu-Smṛti (Mānava-Dharma-Śāstra)*, traducción al inglés por G. B., Oxford, 1886 ("Sacred books of the East", vol. XXV); reimpr. Delhi, 1964.

Caland, W., *Altindischer Ahnencult*, Leyde, E. J. Brill, 1893.

——, *Die altindischen Todten- und Besattungsgebraüche*, Verhandelingen der Koninklijke Akademie van Wetenschapen, Nieuwe Reeks, Deel. I, n° 6, Amsterdam, Johannes Müller, 1896.

——, *Das Jaiminīya-Brāhmaṇa in Auswahl*, Amsterdam, 1919; reimpr. Wiesbaden, Martin Sändig, 1970.

Caland, W. y Henry, V., *L'Agniṣṭoma. Description complète de la forme normale du sacrifice dans le culte védique*, París, Leroux, 1906/1907, t. I y II.

Carstairs, G. M., *The twice-born. A study of a community of high-caste hindus*, Londres, The Hogarth Press, 1970.

Champion, C. y García, R., *Littérature orale villageoise de l'Inde du Nord*, París, Éditions de l'École française d'Extrême-Orient, 1989.

Chantraine, P., *Dictionnaire étymologique de la langue grecque*, París, Klincksieck, 1968, vol. I (1974, vol. II; 1978, vol. III).

Derrett, J. D.M., *Religion, law and the state in India*, Londres, Faber and Faber, 1968.

Dubois, abate J., *Moeurs, Institutions et cérémonies des peuples de l'Inde*, París, Imprimerie royale, 1825, t. II.

Dumézil, G., *Aspects de la fonction guerrière chez les Indo-Européens*, París, PUF, 1956.

——, *Heur et malheur du guerrier*, París, PUF, 1969a.

——, *Idées romaines*, París, Gallimard, 1969b.

——, *Mythe et épopée* III, París, Gallimard, 1973.

Dumont, P.-E., *L'Aśvamedha. Description du sacrifice solennel du cheval dans le culte védique d'après les textes du Yajurveda blanc*, París-Louvain, 1927.

——, *Description de l'agnihotra dans le rituel védique d'après les Śrautasūtras*, Baltimore, The Johns Hopkins Press, 1939.

Eggeling, J., *The Śatapatha-Brāhmaṇa, according to the Text of the Madhyandina School,* trad. por J. E., Oxford ("Sacred books of the East", vols. XII, XXV, XLI, XLIII y XLIV), 1882-1899; reimpr. Delhi, Motilal Banarsidass, 1963.

Ernout, A. y Meillet, A., *Diccionnaire étymologique de la langue latine. Histoire des mots,* 3a. ed., París, Klincksieck, 1951.

Falk, H., *Schrift im alten Indien. Ein Forschungsbercht mit Anmerkungen,* Tubinga, Gunter Narr Verlag ("Scriptoralia", 56), 1993.

Falk, M., *Il Mito psicologico nell'Inida antica,* Milán, Adelphi, 1986.

Filliozat, J., *La Doctrine classique de la médicine indienne, ses origines et ses parallèles grecs,* París, Imprimerie nationale, 1949.

——, "Temples et tombeaux de l'Inde et du Cambodge", *Comptes rendu de l'Académie des Inscriptions,* enero-marzo, 1979.

Foucher, A., *Le Compendium des topiques, Tarka-Saṃgraha d'Annaṃbhaṭṭa,* con extractos de tres comentarios indios (texto y traducción) y un comentario de A. F., París, Adrien Maisonneuve, 1949.

Freud, S., "Considérations actuelles sur la guerre et la mort", *Imago* 4, 1915; *Studienausgabe* IX, Francfort-sur-le-Main, S. Fischer Verlag, 1974; trad. al francés, *Œuvres complètes,* XIII, "1914-1915", París, PUF, 1988.

——, *Metapsychologische Ergänzung zur Traumlehre* (a) y *Trauer und Melancholie* (b), *Studienausgabe* III, Francfort-sur-le-Main, S. Fischer Verlag, 1917; trad. al francés, *Œuvres complètes,* XIII, París, PUF, 1988.

Fussman, G., "Les premiers systèmes d'écriture en Inde", *Annuaire du Collège de France* 1988-1989, París, 1988, pp. 507-514.

Gait, E. A., "Human Sacrifice (indian)", J. Hasting (ed.), *Encyclopaedia of religion and ethics,* Nueva York, 1914, vol. VI, p. 849.

Geldner, K. F., *Der Rig-Veda aus dem Sanskrit ins Deutsche übersetzt,* 3 vols., Cambridge, Harvard University Press, 1951, ("Harvard Oriental Series", vols. 33, 34, 35) y volumen de Índice por J. Nobel, 1957 ("Harvard Oriental Series", vol. 36).

Ghoshal, U. N., *A history of indian public life,* vol. 2: *The Pre-Maurya and the Maurya Periods,* Londres, Oxford University Press, 1966.

Goldman, R., "Mortal man and inmortal woman: An interpretation of three Ā khyāna Hymns of the Ṛg-Veda", *Journal of the Oriental Institute,* Baroda, 1969, vol. XVIII, 1968-1969, pp. 273-303.

Gonda, J., *Die Religionen Indiens II. Der jüngere Hinduismus,* Stuttgart, Kohlhammer, 1963a.

——, *The vision of the vedic poets,* La Haya, Mouton, 1963b, ("Disputations Rheno-Trajectinae", VIII).

——, *Change and continuity in indian religion,* La Haya, Mouton, 1965a.

——, *The savayajñas,* Amsterdam, N. V. North Holland Publishing Company, 1965b.

——, *Vedic literature (saṃhitās and brāhmaṇas),* Wiesbaden, Otto Harrassowitz, 1975.

——, *Vedic ritual. The non-solemn rites,* Leyde, E. J. Brill, 1980.

Gopal, R., *India of vedic Kalpasūtras,* Delhi, National Publishing House, 1959.

Goudriaan, T. y Gupta, S., *A history of indian literature*, vol. II, fasc. 2: *Hindu tantric and śākta literature*, Wiesbaden, Otto Harrassowitz, 1981.

Hagège, C., *L'Homme de paroles. Contribution linguistique aux sciences humaines*, París, Fayard, 1985.

Halbfass, W., *India and Europe, an essay on understanding*, Albany, SUNY, 1988.

Handiqui, K. K., *Naiṣadhacarita of Śrīharṣa*, traducida por primera vez al inglés con Notas críticas y comentarios inéditos..., Poona ("Deccan College Monograph Series", 14), 1956.

Heesterman, J. C., "*Vrātya* and Sacrifice", *Indo-Iranian Journal*, 1962, n° 6, 1962-1963, pp. 1-37.

——, "The case of the severed head", *Wiener Zeitschrift für die Kunde Süd- und Ostasiens*, 1967, 8, pp. 1-31; reimpr. J. C. H., *The inner conflict of tradition. Essays in indian ritual, kingship and society*, Chicago University of Chicago Press, 1985, pp. 45-48.

——, *The broken world of sacrifice. An essay inn ancient ritual*, Chicago, The University of Chicago Press, 1993.

Hillebrandt, A., *Ritual-Literatur, vedische Opfer und Zauber*, Estrasburgo, Trübner, 1897.

——, *Vedische Mythologie*, Breslau, 1929, vol. II; reimpr. Hildesheim, Olms, 1965.

Hinuber, O. von, *Der Beginn der Schrift und frühe Schriftilichkeit in Indien*, Stuttgart, Akademie der Wissenschaften und der Literatur ("Abbhandlungen der Geistes- und Sozialwissenschaftlichen Klasse", n° 11), 1989.

Inden, R. B., *Imagining India*, Bloomington, Indiana University Press, 1990.

Jamous, R., *La relation frère-soeur. Parenté et rites chez les Meo de l'Inde du Nord*, París, Éditions de l'EHESS, 1991.

Janert, K. L., *Bibliographie mit den Berichten über mündliche und schriftliche Textweitergabe sowie die Schreibmaterialen in Indien*, Bonn, VGH Wissenschaftsverlag, 1995, ("Sarasvati Series", Bd. 13).

Kane, P.V., *History of Dharmaśāstra (Ancient and mediaeval religious and civil law in India)*, Poona, Bhandarkar Oriental Research Institute, 1930-1962, ("Government Oriental Series"), 5 vols. 2a. edición revisada, 1968-1975.

Kangle, R. P.: véase Kauṭilya, *Arthaśāstra*, I, 1960.

——, *The Kauṭilıya Arthaśāstra*, parte II, Traducción al inglés con notas críticas y explicativas, Bombay ("University of Bombay Studies — Sanskrit-Prakrit and Pali", n° 2), 1963.

——, *The Kauṭilīya Arthaśāstra*, Parte III, A. Study..., Bombay ("University of Bombay Studies — Sanskrit-Prakrit and Pali", n° 3), 1965.

Kapani, L., *La notion de saṃskāra*, París, E. de Boccard, Collège de France, Publications de l'Institut de civilisation indienne, 1992-1993, fasc. 591 y 592.

Keith, A. B., *The veda of the black yajus school entitled Taittirīya Saṃhīta*, trad. por K. A. B., Cambridge, Mass., "Harvard Oriental Series", 1914, 18, 19.

——, *The religion and philosophy of the veda and upanishads*, Cambridge, Mass., "Harvard Oriental Series", 1925, vols. 31 y 32.

Kher, N. N., *Agrarian and fiscal economy by the mauryan and post-mawyan age* (circa 324 B.C. — 320 A.D.), Delhi, Motilal Banasidass, 1973.

Kirfel, W., "Der Aśvamedha und der Puruṣamedha", *Beiträge zur indischen Philologie und Altertumskunde, Warlter Schubring zum 70. Gerburtstag dargebracht von der deutschen Indologie*, Hamburgo, 1951, pp. 29-50.

Köhler, H. W., *Srad-dha- in der vedischen und altbuddhischen Literatur*, Wiesbaden, Franz Steiner Verlag, 1973.

Kramrisch, S., *The hindu temple*, University of Calcuta, 1946, vols. I y II; reimpr. Delhi, Motilal Banarsidass, 1976.

——, "Two: its significance in the R̥gVeda", Ernest Bender ed., *Indological studies in honor of W. Norman Brown*, New Haven, American Oriental Society, 1962, pp. 109-136.

Krich, H., *Das Ritual der Feuergründung (Agnyādheya)*, Viena, Verlag der Österreichischen Akademie der Wissenschaften, 1982, ("Veröffentlichungen der Kommission für Sprachen und Kulturen Südasiens", Ht. L6).

Kulke, H., *Jagannātha-Kult und Gajapati-Königtum. Ein Beitrag zur Geschichte religiöser Legitimation hinduistischer Herrscher*, Wiesbaden, Franz Steiner, 1979.

Lévi, S., *Le théâtre indien*, París, Bibliothèque de l'École des hautes études, IV seccción, 1890; reimpr. con prefacio de L. Renou, París, Collège de France, distr. H. Champion, 1963.

——, *La Doctrine du sacrifice dans les Brāhmaṇas*, 2a. ed., con un prefacio de L. Renou, París, PUF, 1898 ("Bibliotèque de l'École des hautes études, sección Sciences Religieuses", LXXIII), 1966.

——, "La transmigration des âmes dans les croyances hindoues", *Conférences du Musée Guimet 1903-1904*, 1904, 2da. parte, pp. 85-118; reed. *Memorial Sylvain Lévi*, París, Paul Hartmann, 1937, pp. 24-38.

——, *La Légende de Nala et Damayantī*, trad. con introducción, notas y vocabulario por S. L., París, Bossard ("Les classiques de l'Orient"), 1920.

Lienhard, S., *A history of indian literature*, vol. III, fasc. 1: *A history of classical poetry — Sanskrit-Pali-Prakrit*, Wiesbaden, Otto Harrassowitz, 1984.

Lingat, R., *Les Sources du droit dans le système traditionnel de l'Inde*, París, La Haya, Mouton, 1967.

Loiseleur-Deslongchamps, A., *Mānava-Dharma-Śāstra. Lois de Manou comprenant les institutions religieuses et civiles des Indiens*, trad. al francés por A. L.-D., París, 1833.

Losch, H., *Rājadharma. Einsetzung und Aufgabenkreis des Königs im Lichte der Purāṇa's*, Bonn, Selbsverlag des Orientalischen Seminars der Universität Bonn ("Bonner Orientalische Studien", N. S. vol. 8), 1959.

MacDonell, A. A., *The vedic mythology*, Estrasburgo, 1897; reimpr. Varanasi, Indological Book House, 1963.

Malamoud, Ch., "Terminer le sacrifice. Remarques sur les honoraires rituels dans le brahmanisme", Madeleine Biardeau y Charles Malamoud, *Le sacrifice dans l'Inde ancienne*, París, PUF, 1976.

——, *Le Svādhyāya, récitation personelle du Veda. Taittirīya-Āraṇyaka, libro II*, París, E. de Boccard, 1977.

——, "Parole à voir et à entendre", *Cahiers de littérature orale*, 21, París, 1987a, pp. 151-161.

——, "Spéculations indiennes sur le sexe du sacrifice", *L'Écrit du temps*, n° 16, París, 1987b, pp. 7-28.

——, "La déesse Croyance", L. Giard, ed., *Michel de Certeau, Cahiers pour un temps*, París, Centre Georges Pompidou, 1987c, pp. 224-235.

——, *Cuire le monde. Rite et pensée dans l'Inde ancienne*, París, La Découverte, 1989a.

——, "Jumeaux mythiques et temps humain", *L'Âne*, julio-septiembre, París, 1989b, pp. 45-47.

——, "Le soma et sa contrepartie", D. Fournier y S. D'Onofrio (eds.), *Le ferment divin*, París, Éditions de la Maison des sciences de l'homme, 1991, pp. 20-33.

——, "La déesse Parole dans le Veda: un corps fait de mots", C. Conio (ed.), *La parola creatrice in India en el Medio Oriente*, Pisa, Giardini, 1994, pp. 35-42.

Malmann, M. T. de, *Les enseignements iconographiques de l'Agni Purāṇa*, París, PUF ("Annales du musée Guimet, Bibliotèque d'études", 1963, t. LVII).

Mauss, M., *Œvres*, I, *Les fonctions sociales du sacré*, París, Éd. de Minuit, 1968.

Max Müller F., *The six systems of Indian philosophy*, Londres, Longmans, 1899; reimpr. Varanasi ("The Chowkhamba Sanskrit Series. The Chowkhamba Sanskrit Studies", XVI), 1971.

Mayrhofer, M., *Kurzgefasstes etymologisches Wörterbuch des Altindischen*, fasc. 18, Heidelberg, Carl Winter, 1964.

Meyer, J. J., *Das Altindische Buch vom Welt und Staatsleben, das Arthaśāstra des Kauṭilya*, aus dem Sanskrit übersetzt... von J. J. M., Leipzig, Otto Harrassowitz, 1926; reprod. Graz, Akademische Druck Verlagsanstalt, 1977.

Minard, A., *Trois énigmes sur les Cent Chemins*, I, París, Les Belles Lettres, 1949; II, París, E. de Boccard, 1956.

Moréchand, G., "Contribution à l'étude des rites funéraires indiens", *Bulletin de l'École française d'Extrême-Orient*, 1975, t. LXII, pp. 55-124.

O'Flaherty, W. D., *Hindu myths*, Londres-Nueva York, Penguin Books, 1975.

——, *Women, androgynes and other beasts*, Chicago, Londres, The University of Chicago Press, 1980a.

——, "Death as a dancer in hindu mythology", *Sanskrit Studies in Honour of D. H. Ingalls*, Dordrecht, Boston, Londres, 1980b.

Oldenberg, H., *La religion du Veda*, trad. al francés por V. Henry, París, Alcan, 1903.

——, *Die Religion des Veda*, 2da. ed., Stuttgart-Berlín, 1917.

——, *Die Weltanschauung der Brāhmaṇa-Texte*, Gotinga, Vandenhoeck und Ruprecht, 1919.

——, *Die Lehre der Upanishaden und die Anfänge des Buddhismus*, Gotinga, Vandenhoeck und Ruprecht, 1923.

Padoux, A., "L'oral et l'écrit, mantra et *mantraśāstra*", *Traditions orales dans le monde indien*, estudios reunidos por C. Champion, París, Éd. de l'EHESS ("Puruṣārtha", 18), 1996, pp. 133-145.

Pandey, K. C., *Abhinavagupta: An historical and philosophical study*, 2da. ed., Varanasi ("The Chowkhamba Sanskrit Series. The Chowkhamba Sanskrit Studies", vol. I), 1963.

Pandey, R. B., *Hindu Saṃskāras (Socio-religious study of the hindu Sacraments)*, 2da. ed., Delhi, Varanasi, Patna, Motilal Banarsidas, 1969.

Parpola, A., "The Pre-Vedic Indian Background of the Śrauta Rituals", Fr. Staal 1983 II, 1983, pp. 41-75.

Parry, J., *Death in Banaras*, Cambridge, Cambridge University Press, 1994.

Pézard, A., ed., *Dante, Œuvres complètes*, París, Gallimard ("Bibliothèque de la Pléiade"), 1965.

Piano, S., *La Mudrārākṣasanāṭakakathā di Mahādeva*, Turín, G. Giappichelli, Università di Torino, Facoltà di Lettere e Filosofia ("Orientalistica", vol. I), 1968.

Pokorny, J., *Indogermanisches etymologisches Wörterbuch*, Berna, Munich, Francke Verlag, 1959.

Porcher, M.-C., *Daṇḍin, Histoire des dix princes*, trad. del sánscrito, presentado y anotado por M.-C. P., París, Gallimard ("Connaissance de l'Orient"), 1995.

PW: véase Böhtlingk, y Roth.

Reiniche, M. -L., *Les Dieux et les Hommes*, París-La Haya, EHESS, Mouton, 1979.

Renou, L., *Kālidāsa, Le Raghuvaṃśa (La lignée des fils du soleil)*, poema en XIX cantos traducido del sánscrito por L. R., París, Librairie orientaliste Paul Geuthner ("Les joyaux de l'Orient", t. VI), 1928.

——, "Les éléments védiques dans le vocabulaire du sanskrit classique", *Journal asiatique*, t. CCXXXI, julio-septiembre 1939, 1941, p. 378.

——, *Anthologie sanskrite*, París, Payot, 1947.

——, *Sanskrit et Culture. L'apport de l'Inde à la civilisation humaine*, París, Payot, 1950.

——, *Vocabulaire du rituel védique*, París, Klincksieck, 1954.

——, *Hymnes spéculatifs du Veda, traduits et annotés*, París, Gallimard ("Connaissance de l'Orient"), 1956.

——, *Études sur le vocabulaire du Ṛg-Veda*, Pondichéry, Institut français d'indologie, 1958a.

——, *Études védiques et pāṇinéennes*, París, E. de Boccard ("Publications de l'Institut de civilisation indienne", ser. in 8): 1958b, t. IV; 1959, t. V; 1960, t. VI; 1964, t. XIII; 1965, t. XIV; 1966, t. XV; 1967, t. XVI; 1969, t. XVII.

——, "Sur le genre du sūtra dans la littérature sanskrite", *Journal asiatique*, t. CCLI, fasc. 2, 1963, pp. 165-216.

——, *L'Inde fondamentale*, estudios de indianismo reunidos y presentados por Ch. Malamoud, París, Hermann, 1978.

Renou, L., Filliozat, J. *et al.*, *L'Inde classique. Manuel des études indiennes*, París, Payot, 1947, t. I.

Risset, J., ed., *Dante, La Divine Comédie*, texto original; traducción y notas por J. R., París, Flammarion, 1990.

Sachau, E. C., *Al Biruni's India*, Londres, Routledge and Kegan Paul, 1910.

Sarup, L., *The Nighaṇṭu and the Nirukta: The Oldest Indian Treatise on Etymology*,

Philology, and Semantics..., Oxford, 1922; reimpr. Delhi, Motilal, Banarsidass, 1967.

Scharfe, H., *Untersuchungen zur Staatsrechtslehre des Kauṭalya*, Wiesbaden, Otto Harrassowitz, 1968.

——, *A History of Indian Literature*, vol. V, fasc. 2: *Grammatical Literature*, Wiesbaden, Otto Harrassowitz, 1977.

Schneider, U., "Yama und Yamī", *Indio-Iranian Journal*, 1977, vol. X

Selva, R. de, "Quand 'donner à voir' est 'écrire'. Les récitatifs des *paṭuā* montreurs d'images du Bengale (Inde)", *Traditions orales dans le monde indien*, estudios reunidos por C. Champion, París, Éd. de l'EHESS ("Puruṣārtha", 18), 1996, pp. 171-197.

Sharma R. S., *Light on Early Indian Society and Economy*, Bombay, Manaktalas, 1966.

Silburn, L., *Instant et cause. Le discontinu dans la pensée philosophique de l'Inde*, París, Vrin, 1955.

Sivaramamurti, C., *L'art en Inde*, Répertoires mythologiques, historiques et littéraires, por N. Balbir, París, Lucien Mazenod, 1974; reimpr. (col. "L'art des grandes civilisations"), 1978.

Staal, F. *et al.*, *Agni. The Vedic Ritual of the Fire Altar*, Berkeley, Asian Humanities Press, 1983, 2 vols.

Stchoupak, N. y Renou, L., *La Kāvyamīmāṃsā de Rājaśekhara*, trad. del sánscrito por N. S. y L. R., París, Imprimerie nationale ("Cahiers de la Société asiatique", VIII), 1946.

Stevenson, S., *The rites of the twice-born*, Londres, Oxford University Press, 1920.

Stietencron, H. von, *Gaṅgā und Yamunā*, Wiesbaden, Otto Harrassowitz, 1972.

Thapar, R., *Ancient Indian Social History: Some Interpretations*, Nueva Delhi, Orient, Longman, 1978.

Thibaut, G., *The Vedānta-Sūtras*, con el comentario de Śaṅkarācārya, trad. por G. T., Oxford, Clarendon Press ("Sacred Books of the East", vols. XXXIV y XXXVIII), 1904a; reimpr. Delhi, Motilal Banarsidass, 1962.

——, *The Vedānta-Sūtras*, con el comentario de Rāmānuja, trad. por G. T., Oxford, Clarendon Press ("Sacred Books of the East", vols. XLVIII y XLVIII), 1904b; reimpr. Delhi, Motilal Banarsidass, 1962.

Vasmer, M., *Russisches etymologisches Wörterbuch*, vol. I, Heidelberg, Carl Winter, 1953, (1955, vol. II; 1958, vol. III).

Weinberger-Thomas, C., *Cendres d'immortalité. La crémation des veuves en Inde*, París, Éd. du Seuil, 1996.

Wezler, A., *Die wahren "Speiseresteesser" (Skt. vighāsin)*, Mayence, Wiesbaden, Akademie der Wissenschaften und der Literatur, Franz Steiner Verlag, 1978.

Whitney, W., *Atharva-Veda*, trad. en inglés por W. W., Harvard ("Harvard Oriental Series", vols. 7 y 8), 1905.

Winternitz, M., *Die Frau in den indischen Religionen* I, Leipzig, Curt Kabisch, 1920.

Wujastyk, D., *The Roots of Ayurveda, Selections from sanskrit Medical Writings*, Penguin Books India, 2001.

Zysk, K. G., *Religious Healing in the Veda*, "Transactions of the American Philosophical Society", vol. 75, parte 7, Filadelfia, 1985.

FUENTES

Una primera versión de los capítulos de este libro ha sido publicado en las siguientes revistas y obras colectivas:

—— *Revue d'Esthétique*, nº 12, 1980 ("Le Deux").
—— Daniel de Coppet (ed.), *Understanding Rituals*, Londres-Nueva York, Routeledge, 1992.
—— *L'Inactuel*, nº 3, primavera de 1995 ("Intérêts de la psychanalyse").
—— Raniero Gnoli y Jean-Pierre Vernant (eds.), *La Mort, les morts dans les sociétés anciennes*, Cambridge University Press y París, Éd. de la MSH, 1982.
—— *Le Fait de l'analyse*, nueva, serie, nº 2, primavera de 1999 ("Les morts").
—— *Annuaire de l'École pratique des hautes études, section des sciences religieuses*, t. 106, año 1997-1998, París 1999.
—— *Archiv für Religionsgeschichte*, 1. Band, Heft 1., Stuttgart-Leipzig, 1999.
—— Viviane Alleton, (ed.), *Paroles à dire, Paroles à écrire*, París Éd. de l'EHESS, 1997.

ABREVIATURAS

AitĀ	Aitareya-Āraṇyaka
AitB	Aitareya-Brāhmaṇa
ĀpŚS	Āpastamba-Śrauta-Sūtra
AS	Atharva-Saṃhitā
BĀU	Bṛhad-Āraṇyaka-Upaniṣad
BaudhGS	Baudhāyana-Gṛhya-Sūtra
BaudhŚS	Baudhāyana-Śrauta-Sūtra
ChU	Chāndogya-Upaniṣad
GobhGS	Gobhila-Gṛhya-Sūtra
JB	Jaiminīya-Brāhmaṇa
JS	Jaimini-Sūtra
KātyŚS	Kātyāyana-Śrauta-Sūtra
KauṣB	Kauṣītaki-Brāhmaṇa
KS	Kāṭhaka-Saṃhitā
Manu	Manu-Smṛti (Mānava-Dharma-Śāstra)
MS	Maitrāyaṇī-Saṃhitā
MŚS	Mānava-Śrauta-Sūtra
PB	Pañcaviṃśa-Brāhmaṇa
ṚS	Ṛk-Saṃhitā
ŚB	Śatapatha-Brāhmaṇa
ŚāṅkhB	Śāṅkhāyana-Brāhmaṇa
ŚāṅkhŚS	Śāṅkhāyana–Śrauta-Sūtra
TĀ	Taittirīya-Āraṇyaka
TB	Taittirīya-Brāhmaṇa
TS	Taittirīya-Saṃhitā
VaiSS	Vaikhānasa-Smārta-Sūtra
VaitS	Vaitāna-Sūtra
VS	Vājasaneyi-Saṃhitā

ÍNDICE DE PASAJES CITADOS

ÍNDICE TEMÁTICO

ÍNDICE

impreso en Publidisa